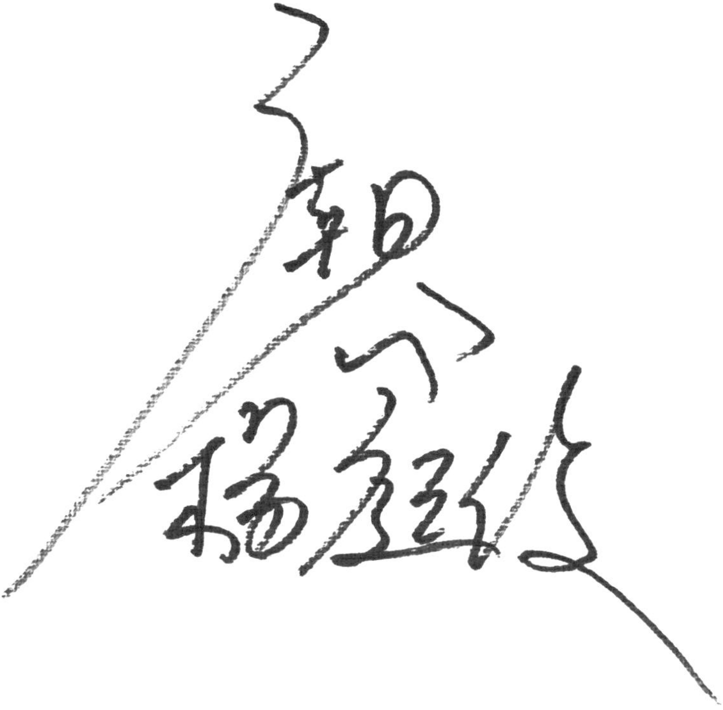

少年廟公的步步修行

從信仰到文化，指引迷航人生的療癒力

楊庭俊（廟公）——著

目錄

目錄

目錄

目錄

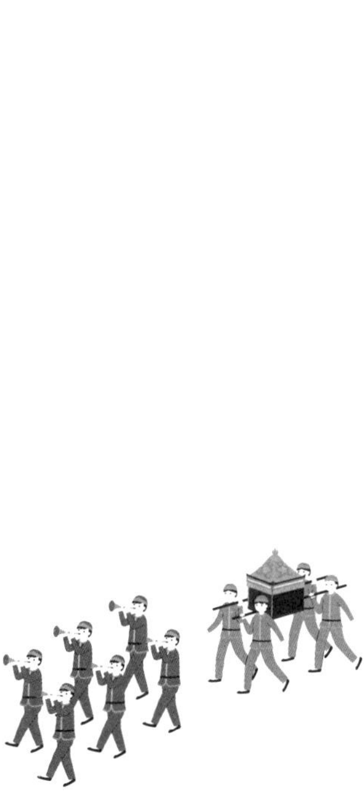

好評推薦

「普度眾生其實是一種熱情與浪漫，這本書打破你對廟公的既定印象，讀完之後肯定能讓你有一種得到支持的精神力量。」

——王俊傑，第33屆金曲獎最佳台語男歌手

作者序

在混亂世界，學習建立內在秩序

修行，既定印象裡往往是出家、打坐、誦經，是遠離塵世的清修。但對我而言，**修行從來不只存在於寺廟裡的梵音繚繞，而是生活中每一個選擇、每一場挑戰，甚至是每一次跌倒再站起來的過程**。各種砥礪人生的修行，乃從「修正言行」開始！

年少時期，我其實從未意識自己會踏上一條與眾不同的道路：竟然從大學時期的靈異經歷，發展成為宮廟的廟公，又有短期出家等經歷，交織成一條蜿蜒的生命軌跡。一路走來，為人收驚、解惑，到文史導覽與文化推廣，這是從凡俗到神聖，再回到日常，這條修行之路並非直線，而是充滿曲折與考驗。

我的原生家庭信仰深厚，讓自己能自小耳濡目染些內容，爺爺更是承襲了「後天派」風水堪輿之術的一位高人。這些技術雖然並未傳承下去，卻拓展了因緣，讓我學會收驚之術，開始擔起濟世之責。這些種種，讓單純的信仰成為實踐，我也在成長的過程中一步步體悟到，**信仰不只是求神問卜，更多是生活的智慧**。

修行，並不神祕，也並非遙不可及。它存在於我們的每一天，例如：如何面對壓力；如何與家人朋友互動；每一次的自我對話與反思。我們無須成為出家人，也無須經歷靈異事件才能修行。**真正的修行，是在混亂的世界中，建立內在的秩序，在苦難中學習慈悲與同理，從生活的細節裡磨練自己的心**。

我的人生充滿各種怪奇的故事——同學夜遊誤觸禁忌，導致一連串怪事發生；進香途中遭遇民俗中的「抓乩」，讓我開始正視自己的體質；在佛門修學期間，體驗到佛法的深奧與生活的修持。我曾在偌大的慈惠堂體系裡，與瑤池金母共事，得到因果業力的指點；也曾在佛教道場裡體悟「三千威儀，八萬細行」。這些故事並非只是靈異奇談，而是一個個教會我如何面對生命無常與因果的真實故事。

做為廟公，但又不甘於只是廟公的我，透過地方文史導覽，向不同群眾介紹信仰文化，透過文化館與大型藝術節的工作，將宗教與歷史的結合帶入更多人的視野。當然，自己也曾經歷過信仰的迷惘，在宮廟內部的派系鬥爭中受傷，甚至一度選擇遠離這些紛擾。然而，**這些經歷幫助我更清楚修行並不只是待在廟堂內，而是日常生活的實踐，透過文化與知識的傳承，讓更多人了解信仰的價值**。

在學甲大廟的導覽中，我見證了傳統信仰如何影響孩子的成長。許多孩子天真地喊著：「大道公是我的契爸（義父）！」那一刻，我感受到信仰的力量——不僅僅是神靈庇佑，而是文化與生命教育的一環。我也告訴自己必須堅持下去，我不只是在講解歷史，而是在引導人們重新認識自己的「根」，找到自身與這片土地的連結。信仰並非陳舊的習俗，而是深植於日常的精神支柱。

我曾經以為，修行的路是孤獨的，但隨著道路漸遠，**其實每個人都以自己的方式實踐修行——無論閱讀、創作、旅行，或靜心的片刻，都是修行**。

人生與修行都不會一帆風順，或許會受到外在環境影響而迷失。我也曾因宮廟的紛爭而有過疲憊，並升起懷疑自己的念頭。但每當我回頭，看見廟宇香火不滅、信徒虔誠，**我便明白這條路的價值，不在於個人的得失，而是在於如何為更多人帶來心靈的寄託**。

這本書，記錄了我的成長與體悟，希望能成為你的同行之燈，陪伴大家找到自己的修行方式，讓自己變得更好，可以療癒自己的傷口，也可以在這場人生旅途中，過得更自在舒適。

願你我都能在這條路上，找到屬於自己的前行之光。

第 1 章

從皈依、乩童到廟公的奇幻修行

1 一 身上的傳承

高中時期開始，每當填寫個人資料時，都有一格名為「專長」的欄位，相較於別人都是填上體育、樂器等才藝，我都是自然地填上只屬於我的「特殊才藝」——收驚，雖然它無法跟體育項目一樣，直接影響成績或參與競賽，或者跟樂器項目一樣，能上台表演、在社團活動裡吸引目光，卻在我往後的人生裡占有重要成分，能夠為人消災解難，安心定神，即便不引人注目，也深深對他人有所助益。

不過，「收驚」這個特殊才藝並非天生就會，而是源自於身上有著特殊的傳承。

我家有個高人爺爺

我有一個爺爺，是我們家的傳奇人物，他原本住在山東青島的即墨地區，當年隨著國民政府來台，孤身一人的他，退役後在台並無任何家室，於是便與外公、外婆商量，將我的母親收為乾女兒，而我們家的三姊弟自然便「爺爺」、「爺爺」地叫著。

對我們這幾個小鬼來說，爺爺單純是一位慈祥和藹的平凡老者，是我們的親人而已。但對於許多外人來說，爺爺繼承「後天派」四代單傳的絕學，是身負傳承重任的第五代傳人，擁有一身陰宅、陽宅堪輿之術，絕對不是什麼簡單人物！

記得有幾次回外婆家，怎麼都找不到爺爺的身影，父親簡單提及「爺爺去幫別人看風水了」，年幼的我們對於「看風水」這件事沒有任何概念，只知道爺爺是個大忙人，在後來經過他人轉述，發現裡頭不乏軍官將士、大企業家。有時候則是家裡坐滿了大人，要來跟爺爺學習「後天派陰陽宅風水」，原先單傳的絕學，在爺爺的努力下，從此開枝散葉，無奈好景不常，在我小學二年級，爺爺便登仙雲遊去，所以任何關於風水的技術，我並沒有繼承到任何一分。

爺爺的功夫高強，我究竟從爺爺那傳承了什麼？還記得父親曾經提及，爺爺是真真正正的高人，在沒有搬到外婆家前，曾經租過鬼屋居住，爺爺只用了兩支掃把就擋住了後門，加上我們不知的方法，安然地住在那樣的環境好一陣子，從這樣的狀況可見爺爺的不凡之處。甚至傳說爺爺有一本特殊祕笈，上頭記載著驅使鬼神、呼風喚雨的法術，使得有心人想一窺其中之奧妙，為己所用，至於真相如何，全都隨著爺爺登仙而掩埋，但在數年之後，我卻將爺爺的收驚之法學了起來……

爺爺往生數年後，在同袍的宮廟內設有祿位，跟隨母娘修行數年，後成為母娘鑾下「李長真人」，在神龕上可見他的神位，依稀記得家人們曾在夢中看見爺爺身穿白袍、蓄有山羊鬍，仙風道骨、背有寶劍，一身修道之士的模樣。因為爺爺不過生日，只做祖師胡老仙師誕辰，於是每逢農曆六月初六日，我們都會前往這間宮廟祭拜「李長真人」。

某年，在祭拜完爺爺後，爺爺同袍的女兒，以宮廟住持的身分來跟我們聊天，除了談論關於宮廟的事情，也提及她必須稱呼爺爺為「李叔叔」，李叔叔過往有多少事蹟，其中包括「兩支掃把」的故事。

交談到一半，她開口說「李長真人」難得不在雲遊路上，而是在現場關心我們，並說可將「收驚」教授我們，當我們這些小鬼不舒服便可使用。如此透過住持協助轉述，將收驚的口訣、手法傳授給我們，藉此機會，住持同時贈與了三張退燒符，並說明符紙為糯米紙，避免有食用安全疑慮，讓我們在現代醫學束手無策時，有多一種方法可以嘗試。

對我來說，**記下這門法術除了是傳統技術的傳承，更是讓自己加深與爺爺連結的方式**。

第二位大靠山——媽祖

「收驚」是學會了，可我自身卻是沒有半點修行與威德，又何德何能為人解厄消災？勢必得有個依傍，才好避免執行過程的前後有萬一。只是這樣的角色，如同是監護人，或者借力的角色，沒有半點連結，怎麼能得到祂們的守護？

後來我想到，與其向外尋找，其實一直有個祂默默守護在原地，祂就是家中的天上聖母——媽祖，從阿公那代開始，一直是我們家最重要的信仰！

阿公本來是深澳坑一帶的礦工，有一段歲月都是在礦坑裡度過，這裡按照地理位置及風俗，多數會奉拜北部知名的媽祖廟為主，阿公卻在因緣際會下前往了雲林縣北港進香，同時請了相關的信物隨身庇佑。後來礦坑發生了礦災，阿公因故不在其中，似乎是媽祖在冥冥之中的保佑。

在礦災發生之後，礦工的生活難以維持，阿公便搬離了深澳坑，在板橋落腳安身後，感念媽祖的恩澤，始為媽祖「妝金身」，後來再搬至土城，為顯媽祖神威及莊嚴，阿公又將媽祖的金身從八吋八的尺寸換成一尺三，早晚奉拜，此後的數十年來，不分寒暑，庇佑著全家大小。

我對於媽祖的記憶很多：記得小時候的自己體弱，三不五時就生病，因著頻繁發生的情況下除了看醫生、吃藥，還有的就是請媽祖多加照顧，甚至吃藥一定都要跑到神桌前才願意吃。

特別的是小學一年級的放學午後，貪玩的我爬到了衣櫥上面要找玩具，一個重心不穩便從衣櫥上跌落，痛到我不停哭，哭到覺得有人在摸我的頭就睡著了，直到阿公發現才把我送去醫院，送到醫院檢查後，很離奇地沒有任何外傷，更沒有傷到腦袋，唯獨哭過頭，需要吊點滴補充水分，大家都說這一定是平常有拜有保佑。

就這樣，我在很多個身體不舒服的日子裡，養成跟媽祖說話的習慣，還是小蘿蔔頭的我，每次都會把頭伸得長長，像是一隻長頸鹿，才能看見祂；神桌的高度太高，想要自己拜拜、插香，還會去搬椅子爬上神桌，想盡辦法摸到香爐，一個小鬼頭「齣頭」一堆，全都是為了能夠多親近祂一些。

長大後，去了花蓮的東華大學讀書，獨自一人出門在外多少令人擔心，媽祖便連續兩年答應可以請祂的神像去花蓮巡視，甚至進到學校裡面探望讀書的我，祂更因此收了一個乾女兒回來。

還有還有，關於祂的故事有好多，這些記憶就像是烙印在身上了一樣，憑著這樣子的連結，我的大靠山沒有其他選擇，只有祂——我最敬愛的媽祖。只要有媽祖在，猶如吃了定心丸一般，心裡無比安心。

真正的傳承，是專心做好自己

有了李長真人的「收驚法」、天上聖母做為靠山，這般底氣讓我踏實不少。所有的故事開始從這兩個元素拓展出去，上了大學後出現種種的光怪陸離事件，一件接一件的收驚個案，乃至幾次面臨生死的危險關頭，都在祂們的引導與庇佑下順利前行。

另外，祂們不定時指派功課，當下我雖不明白祂們的用心，可是只要乖乖遵照辦理，那麼必定有益於日後的發展。尤其，相較於玄幻、難以捉摸的內容，多數我被交代的內容是以增強自己的體魄、心智、知識量為主，都是理性且可以達成的任務，讓我得以亦步亦趨的成長。

這麼多年過去，我深切感受爺爺的厲害，也難怪能晉升為「李長真人」，只是爺爺的功夫眾多，一身絕學跟祕密讓祂的弟子搶破頭，我們也並非沒有想過繼續傳承，可惜這傳承沒有半點基礎可學不來，而且據母親所說，如果繼承了相關法術，會有「缺一門」的狀況，面臨孤苦哀窮等影響，所以即便爺爺留下了羅盤與幾本手札，無論如何也參透不了。

直到有天我鼓起勇氣問了爺爺，祂表示只要我們平安健康就好，這麼多人搶破頭而不慎反目的東西，不要也罷！祂現在雲遊四海過得很好，**想祂的時候，祂就會隨時守護著我們**，即便祂不在，還有媽祖會陪伴著我們。

媽祖也在前幾年，藉著因緣際會，跟大家表示祂來到這個家已經五十年，這尊神像也有三十餘載，過去的歲月寒暑，發生的大小事情，祂都看在眼裡，我們只須專心做好自己，如果想念「李長真人」無需罣礙，唯獨祂喜歡一家和樂，這點是媽祖跟爺爺都希望我們能做到的基本。

想要度人，自己也是那個最需要度的人，當自己也徬徨迷惘，又怎能為人引航？想要度人，自己的家庭問題紛雜，又怎能讓人信服？

現今即使「修身齊家治國平天下」離我們些許遙遠，**至少意念真誠、思想端正、修身養性**、**家庭和樂是我們出發的根本**，始能在實際為人解決難疑、奔波在外時，沒有後顧之憂，也將自己的風險降到最低，這是祂們對我的囑咐，以及真正希望實踐的傳承，也讓我的故事從此開始——接連不斷地雲遊四海、普度眾生。

廟公解惑籤

◆ 第一首 ◆

意念眞誠、思想端正、
修身養性、家庭和樂，
是我們出發的根本。

大吉

宜眞誠

2 ─ 我的第一次普度

十八歲之後，獨自一人到花蓮就讀大學，那是第一次離開家庭生活，少了家人的約束，嚮往自由的青春歲月，勢必少不了各種年少輕狂的日子，尤其自己就讀的是地理相關學系，經常需要到各地進行田野調查，加上多數人都剛拿到駕照，甚至準備要考駕照而已，許多人內心都充滿想要駕車遨遊的欲望，「夜衝」、「夜唱」、「探險」成為一種日常。

俗話說「夜路走多了總會碰到鬼」，我人生的第一次「神鬼交鋒」，就在這年少輕狂的日子裡遇上，事情就發生於同學們去夜衝時……

一場夜衝，公親變事主

剛上大一後的某個深夜，同學聽說某個位於山上的飯店有設立觀景平台，那個位置能看回學校的景色，夜間更是看夜景的好去處，興頭上的他馬上約了三五同學，當晚騎了摩托車上山。在山上逗留的時間不短，欣賞夜景的期間，涼風徐徐，幾個男生萌起一股尿意，想著深夜沒有地方好借廁所，見四下無人，一聲不響直接往一旁的草叢解放，這麼一個貪圖方便的行為，卻種下了禍端。

於此同時的我正在宿舍熟睡，全然不知外頭正發生事情，冥冥之中，夢境中被牽引至觀景平台上，環顧四周見夜色茫茫，有許多草叢與樹叢，上面出現數個人頭，祂們的五官猶如深淵、幽暗的瞳孔虎視眈眈著一切，見狀我便驚醒，尚未就寢的同學甚至被我嚇到。

隔日，遇見幾位當事人，看他們臉色蒼白，我警覺到事情的嚴重性，立刻上前關心，他們才緩緩說出：昨天深夜去了某飯店前看夜景，在尿意襲來時隨地小便，之後眾人皆感到一陣毛骨悚然，於是趕緊匆忙騎車下山。

聽完故事的我，趁著修課空檔，抓緊時間帶他們到本地大廟去尋求解法，避免耽誤解救的時機。請示瑤池金母後，表示事情有其因果，祂們不得隨意出手，即「冤有頭債有主」，此樁恩怨是自己惹出的過錯，唯有前去誠心道歉，請求這些好兄弟、好姊妹的原諒，事情才能解決。無奈大家是年輕人，認為到廟裡拜拜過就平安無事，忘了需要道歉，一副雲淡風輕的樣子回到學校。

事發一週後，其中一位同學夢見了無數的人頭，帶著狀似討命的氣勢在夢中飛近，因為我與這位同學交情甚好，驚覺事情嚴重，便用最短的時間安排，並向班導說明事由後請假，帶著大家上山去道歉，同行的還包括其他同學，想為他們壯膽。

來到事發現場，我先是對著虛空呼喊，請當事人們站出列表現誠心，祈請諸位好兄弟、好姊妹高抬貴手，原諒他們的無知，只是不管如何跟這群好兄弟、好姊妹們協調，就是沒有得到祂們的原諒允諾，萬般膠著下，眼看大家可能有性命之憂，我逼不得已跳出來開口：

「今天一事，乃是請示過大廟之瑤池金母，請看在祂的面子上，由我主持此事，帶領這些同學來向大哥大姊悔過，願諸位原諒。」

話語一畢，我向虛空拋出兩枚硬幣，落地時發出了響亮的聲音，一看是聖筊落地，心上的大石頭終於可以放下。

得到原諒的允諾後，我立刻領著眾人前往最近的土地公廟，點香稟告土地公所有來龍去脈後請求協助，接著焚燒紙錢，希望能補償給那些好兄弟、好姊妹，事件到此對於同學們是圓滿了。

只是剛從土地公廟下山，我就開始遭逢各種不順，先是騎乘摩托車狀況頻頻，再來是動不動就會有莫名傷口，幾天後身上更長了不知名的疹子，醫生也無法醫治，一連串的狀況下，讓我意識到這一定跟夜景事件有關。

隨即回到大廟請示瑤池金母，方了解到所謂的「公親變事主」，當我挺身出來居中協調，即是涉入其中的因果，不過並非無解，必須持續念經回向給「眾生」，讓祂們能夠藉此機緣解脫，除了了結身上的因果，對彼此更是一件功德。

我按照指示進行，前前後後念了三個月的經文，種種衰事開始減少至不再發生，身上冒出的奇怪疹子，也消退得差不多，整個事情走到這天，對我而言總算是結束了。

因著這起事件，我學到最大的教訓——因果。**每件事有著祂的緣起緣滅、因果循環，誰也不能隨意插手，若是一股腦涉入其中，沒有點覺悟就為人背上因果業障，可是得不償失**。這次花了三個月時間誦經，下次呢？需要的代價會是更長的時間，還是得犧牲其他代價？這便不得而知了，倘若各種事情皆能如人所料，事情又豈會一樁接著一樁。

想要降低風險，就得學著分析利弊、探究前因後果，若是無法探究，至少明哲保身，以防傷人傷己，人沒有救到，反倒先把自己賠上去。此事過後，我已持續三個月的誦經模式，神明順勢要求我應當繼續維持，至於為何並未說明，如此日復一日，我的修行便在這經文的反覆讀誦中悄悄啟動……

世間百態，各有各的難題

為了觀景平台事件誦經，不是我第一次誦經，最早接觸誦經來自於爺爺的喪事，每隔一陣子就要到一個地方，跟隨師姐念誦經文，說是為了讓爺爺早日解脫，當年年僅八歲的我哪懂誦經的意義，甚至覺得這種習俗這麼討人厭，要擠在小小的誦經室，然後念一堆聽不懂的文字，時間又冗長，我一定沒有什麼慧根！

後來國中遇上曾祖母過世，同樣是一連串的「做旬」，慢慢了解原來每七天就有不同的階段，每個「七」代表亡者在地府的進程，並對應到不同親屬間的關係，儀式的內涵是為亡者超脫之路所做，同時也在撫慰家屬的情緒，以及聯繫起親屬間的感情。

曾祖母這次的喪事中，祖母堅持要用佛教的方式來做，念誦佛經成了自然之事，這個時期，母親恰巧拿了一本〈觀世音菩薩普門品〉給我，之後如果放學有空，念誦〈觀世音菩薩普門品〉就成了我與曾祖母的連結。

結束了曾祖母的喪事後，我養成了隨身攜帶〈觀世音菩薩普門品〉的習慣，帶著經書總有一種莫名的安全感，就像是住在天堂的祂們能夠隨時與我連線，或是經書上寫到的觀世音菩薩能庇佑我一般。考高中那段時間，遇上自習的機會，我都要先將〈觀世音菩薩普門品〉拿出來念過一遍，感覺心安了，再進行複習，心裡多少存在些許期望：菩薩能看在念經的分上，多加眷顧我的考運。但更多的是在心浮氣躁的考前階段，為自己靜心安神，防止因為焦慮的情緒影響讀書。

這般發展下，〈觀世音菩薩普門品〉這本經書跟著我經歷了國高中階段，總是隨身直到大學，所以在觀景平台事件後，需要透過念經回向時，我才能夠第一時間選定要課誦的經文，並且馬上執行，因為已經有一本經書伴著自己多年。而念經除了是我們在回向上，無法揣度、無法捉摸的功德外，〈觀世音菩薩普門品〉裡頭講述的內容，在不知不覺中也漸漸奠定我日後普度眾生的方式。

觀世音菩薩的信仰有「家家觀世音」的說法，可見觀音信仰的普及，其大慈大悲、救苦救難的形象深植人心。〈觀世音菩薩普門品〉出自《妙法蓮華經》，講述觀世音菩薩出入自在，通達眾生所在之地，以普門示現其神通力，當中我最有感的為：**「應以何身得度者，即現何身而為說法。」**世間百態，各有不同的眾生相，倘若單以一方形象出現在人們面前，著實讓人難以信服，各自擔負的苦痛更有所不同，若非以對方能理解的狀態出現，便無法走入他人內心。

不過各種「相」、各種「身」並不是實際進行喬裝打扮，或者成為某種職業，那般眼睛所見的變化，**應當變化的「相」是出自我們的心念與思想，理解對方的困境、情緒、想法，從而給出應對的方法，用觀照一切的智慧，察覺世間種種。**「觀世音」的菩薩名號所蘊含的意義，也是我所修行的第一個法門。

碰上了棘手難解的問題，大家似乎多是想著「為什麼是我」，觀景平台事件確實讓我感到麻煩，感到害怕的心情更是沒有少過，可這一切的過程，就像所有故事的楔子，這是我做為修行的開端，在醞釀許久的過程後，串聯起之前所有相關的學習。雖然使得自己吃上了一些苦頭，可至少在更多無法掌握的事件發生前，我有了這樣的開頭，反倒要感謝這一切，讓我開始有些底蘊地走上濟世之路。

廟公解惑籤

◆ 第二首 ◆

「相」出自我們的心念與思想，
理解對方的困境、情緒、想法，
從而給出應對的方法，
用觀照一切的智慧，察覺世間種種。

中吉

宜多多感受

3 — 降落，體質的開端

幫人收驚，為人解決鬼神相關的疑難雜症，面對各種狀況皆能如願解決……似乎是擁有一定修行或者特殊體質才有辦法做到。但其實年幼時的我並不認為自己擁有所謂的「體質」，更完全沒有意識到任何「感應」，與神明溝通時，都是藉由「擲筊」來進行。

凡人與鬼神的溝通方法

擲筊，可以說是想要與鬼神溝通最方便的工具了，無須仰賴第三方，只要有一副「筊杯」，兩個手掌大的半月形木片，一面為中央隆起、一面平坦面的工具，就能與神明溝通。只是，**如果想要「良善」地溝通，那就需要點技巧**，我大學主修的是地理相關專業，經常外出做田野調查和訪談，**對我來說，擲筊的過程就有如訪談**

那般互動。

每個人來到神明面前，依照各自的心意準備供品、金紙等，點起清香向著神明稟報、講述自己的資料與祝禱的內容，當這些程序完成後，再來才能「擲筊」。拿起成對的「筊杯」，繞過香爐，再次向神明稟報自己為誰，想要詢問的事情為何後，**第一個問題很重要，必須先詢問你想請教的神明是否在現場**，否則經歷了幾輪問題的擲筊，最後才發現當事神明竟然不在場，那前面問的問題是否還算數呢？

完成這些步驟後，記得整理好自己的心情，抱持冷靜的態度，才能夠在丟出問題後，理性根據神明給出的「筊」，應對後續的問題。**在設定問題時，我傾向提出是非題型**，尤其是不擅長做類似溝通的人，可以將「聖筊」設定為肯定、允諾；「笑筊」設定為神明莞爾、陳述不明確等；「陰筊」則表示否定、不宜，甚至代表憤怒之意。

掌握了請示的重點原則，**尤其當事人的資料、事件的前因後果，一定要描述明確**，再依據自身的條件、能力、事件情況，以及個人能承擔的程度，向神明進行請示、祈請祝禱，以利諸天大神與天兵天將釐清，給予你正確又明確的指示。

在我的「體質」尚未開發，以及尚未進行誦經以外的修行前，所有的事件都是透過擲筊、配合收驚來解決，每當有人尋求協助，我就會去向神明請示當下這樁案件的解決之道，連我自己碰到任何突發狀況，也同樣是以這樣的方式來獲得些許指點。就這樣，直到我在大一下學期，去了一趟進香……

抓乩，成為被覬覦的肉身

那趟進香，是前往一間外公與三五好友於民國七〇年，從嘉義分靈天上聖母後，一同組織奉祀的廟宇。每年，該廟會在媽祖聖誕前組成進香團，從廟裡搭乘遊覽車出發，將媽祖請回祖廟謁祖進香，並前往其他祖廟或友宮堂進香、參香，或者按照神輿的指示安排行程。

當年的我在整趟進香裡負責「請神」的工作，進香團抵達每一站時，將三太子的神像從遊覽車上請下，隨著隊伍迎請入廟，回駕時，再將三太子隨著隊伍從廟內迎請回遊覽車上，雖然是不起眼的工作，但手上請著神明，自然跟著變得莊重、嚴肅了起來。

我還記得是第二天的行程，有一站我們去到濟公廟，我慣性按照前面的流程動作，慢慢往廟埕前進，正當我站在寺廟正前方，等待入廟時，身體開始自然地不停「放屁、排氣」，對於這樣突如其來的狀況，我感到困窘，但並沒有另作他想，可這頻率是越接近就越頻繁，進入廟內則又換成了別種反應。

踏進廟內，心酸的感覺一湧而上，那般難過像是山洪席捲而來，只是我手上依然捧著三太子的神像，再怎麼樣也得撐著。表面上，我毫無反應地等到神尊晉殿結束，待神像一脫離我的雙手，兩隻眼睛便開始淚如雨下，雙手同時漸漸發麻，這措手不及的變化，讓我差點愣在原地，可一想到兩行淚的尷尬情況，便趕緊移動身子到柱子旁躲藏起來。

眼淚是止住了，身子卻發麻得更厲害，雙手完全已經不聽使喚，身體慢慢僵硬，變得彷彿不是自己的。接著，我看著身體自己活動起來，最後呈現一種似曾相識的動作，心神往神案上投去，就跟端坐其上的濟公師父一模一樣啊！

我知道了這件事，可狀況依舊沒有改變，就在我心情忐忑、狀況膠著的此時，終於被我的舅舅發現，他們直接將我「整尊人」扛出廟外，無法動彈的身體與起伏的心才一點一點恢復。原本我以為這單純是個突發事件而已，殊不知我的身心都已深深受到影響，不過這也是等到他人指出，我才發現。

那次的進香結束後，**我才意識到原來那就是所謂的「抓乩」，而我其實不是「麻瓜」**！後來好長一段時間，我總是很在意當時發生的事跟感覺，甚至被別人說我這不是健康的狀態。可是，也沒有人告訴這到底是什麼狀況啊？為什麼發生？我該怎麼做才好？有一連串的疑問想要獲得解答，卻尋求不到可以告訴我答案的人，只能懵懵懂懂過著。

後來更是在校園裡發生類似的狀況，嚇壞不少同學跟老師，最後我靠著在心裡默默祈禱，才平復回來。當下來者是誰已不可考，重點是這個體質有風險存在，**這樣一個沒有歸屬權的肉身，成為各路鬼神覬覦的對象**。

「特殊體質」之人的苦惱

又有一日，課堂需要進行「觀靈術」（俗稱觀落陰）的實察。這個法術由觀靈者頭綁紅布矇住雙眼，赤腳在地端坐其身，一旁的法師不停持誦咒語，將觀靈者的靈魂引入靈界，並依據行動狀況更換咒語：有的前往元辰宮*，探視自己的本命花叢、樹叢等資訊；有的前往地府，與已故親人相見；有的則在神佛的帶領下前往他處。整個觀靈術進行的過程中，各憑因緣前往靈界的不同地方，反之，看不到任何事物的人也不在少數。

那次實察，我總共進行了三次觀靈術體驗和一次代觀（由法師代為進入元辰宮），第一次的心情難免緊張，經過咒語聲不斷念誦了許久，眼前才開始有了景象出現。

當下的我見自己坐在一個八卦上，伴隨著高速的旋轉急速下降，最後停在一扇大門前；第二場則是進入了宇宙之中，見到阿彌陀佛、觀音菩薩、大勢至菩薩矗立在這個空間，並且經歷了類似宇宙大爆炸的過程後，結束該次觀靈；第三次則是在類似騎馬的狀態下，遊歷各種亭台樓閣，同時，我在現實世界的肉身也隨著畫面變化不停晃動，結束後，法師才說這是具有「體質」之人才會有的現象。總結這幾次下來所看到的畫面，在在透漏著自己和神明及民俗的連結。

最後，法師代我進入元辰宮一看，在大廳的神桌上，分別出現了天上聖母、瑤池金母等神明，以及房間的書櫃中，收藏著許多關於道教的書籍，只是蒙了一層灰，種種的跡象都顯示了我與宗教的緣分。

雖然一場觀靈術體驗透露出許多資訊，但說到通靈、感應、乩身這些事，感覺依然距離我十分遙遠，我甚至把自己先當作麻瓜看待，畢竟無法掌握的能力，還是當作不存在比較安全。帶領觀靈術實察的老師也提醒：**觀靈術有類似催眠的性質，除去靈異的觀察，更多的是要回歸自心，透過映照出的畫面，鬆動自己對於大千世界的慣性認知，以及重整生命、自我校正、自我成就**。

因著各種事件及觀靈體驗，我本來好不容易淡化了對「抓乩」的複雜情緒，卻又再一次於進香中發生同樣的事情。

這次的進香來到香火鼎盛的媽祖廟。不同於上次是入廟後才發生狀況，這次我人還在宮前的大馬路上，等待著前方隊伍完成拜廟儀式，眼看廟體離自己越來越近，每前進一步的我，心頭就增添一分情緒，走到廟前的路口，眼淚排山倒海而出，身體相較於前次，這次依序是手、頭、腹部，乃至全身發麻，接著雙手、雙腳自行

＊元辰宮指人們在靈界的房子，其外觀、擺設、狀態，對應著當事人的福報、觀念、運勢等事物。

活動成特定的姿勢，意識漸漸跟著半朦朧。

幸運的是，這次很快就有人發現不對勁，馬上前來要幫我把身上的狀況退除，沒想到比想像中艱難，對方費了一般力氣後，終於讓我的身心逐漸回復平常。

事件過後，勢必又得重新正視「抓乩」與「體質」，不能逃避或忽視，**但我必須練習用平常心面對，以防因為心態起伏，讓自己遭遇意外**。於是，我持續迷迷糊糊地尋找指導者，等待機緣的出現，在遇上對的導師之前，能陪伴自己的就是繼續讀誦〈觀世音菩薩普門品〉。

廟公解惑籤

◆ 第三首 ◆

透過信仰映照出的畫面，
鬆動自己對於大千世界的慣性認知，
重整生命、自我校正、自我成就。

小吉

宜寬心

4 皈依我佛，尋找平靜

被抓乩後，我經歷了一段身心靈的混亂期，這個狀況令我耿耿於懷，卻始終不得進展。

在進退不得的情況下，我曾有一段時間長期浸泡在佛教的環境下，這段日子相對平穩，因為可以杜絕現實中多餘的想法，以及無形中的外界干擾，這樣的因緣，也成為我日後為人解惑及人生旅程的拼圖之一。

原來吃飯也是種修行

真正展開與佛教的緣分，得從一份暑期打工說起：那是一份社區營造的打工，打工初期有個為期五天的兒童夏令營營隊，位在佛教道場，加上籌備訓練共七天，都在佛寺裡度過。從佛門行儀、佛學名詞到兒童心理學等都先講授一遍，好應對整個夏令營可能發生的各種事，那也是我活到十九歲，第一次正式學習如何禮佛、在道場用齋、早課晚課，以及行住坐臥的種種規矩。

從小到大進香過許多次，住過不少宮廟的香客大樓，可是要實實在在到佛教道場「掛單」，就真的是頭一次。相較於香客大樓開放給香客住宿，經常因應香期或香客需求，而去除門禁或給予方便之道；進到寺院掛單，就得按照佛門的規矩來，飲食、作息、儀容、言行舉止都得遵照佛門行儀，尤其掛單的期間是為了兒童夏令營，勢必得做出更良好的示範，讓營隊的小朋友能有榜樣依循。

雖然得做為榜樣，但我也是第一次在佛教道場這樣生活，連吃飯都不會吃。首先，所有人一同到齋堂入座，先念誦「供養偈」，供養佛法僧及一切眾生，光短短的偈子我就花了一些功夫才記住。開動了，眼前有兩個碗和一個盤子，放在桌子前緣，必須按規矩依序拿到自己面前，先拿起筷子，端入菜盤，再將兩個碗左右交叉放置自己面前，一個是飯碗，另一個則為湯碗，如果需要添加飯菜、湯等，則要將碗盤放回桌沿的原位。用齋完畢，將湯碗疊上飯碗，與菜盤一同放回餐桌前緣，最後筷子放在碗盤中間，念誦「結齋偈」後才能離席。

如此整套流程，我吃了好幾餐都在偷看別人怎麼做。這樣到齋堂用齋的過程，又叫「過堂」，我的主管曾對我說：「你連過堂都過不好，還有什麼事情過的好？」並提醒我過堂同時也是告誡自己：「**不著不貪，過堂也是一種修行。**」

內心的混亂與依靠

除了寺院的師父和夏令營的學童，工作夥伴是一群年輕人，有學生也有社會人士，有這樣年齡差距不大的朋友可以共同參與道場的事務，實在是可遇不可求。大家整個營隊期間幾乎都生活在一起，除了完成營隊，也聊著彼此的生活、興趣，佛學也成了談論的內容之一，聊著聊著，就有夥伴詢問我要不要參加「皈依」呢！

我向住持詢問了皈依的意義，嚴謹來說是成為正式佛教徒的宣誓儀式，完成儀式後就是正式佛教徒，**透過這樣的儀式來加強自己對於學佛的信心，藉由「皈依三寶」**[*]**，幫助自己堅定前進；那若輕鬆點來說，則是給佛祖收作「契囝」（義子），給你一個宗教的依靠**。因為受到「抓乩」的影響，心情經常波動，住在寺院辦營隊的日子讓我感到平穩與沉靜，我心想也許皈依後，真的會因為佛祖這個靠山而安穩下來，於是我就報名了「皈依」。

在皈依典禮的到來之前，本以為會平淡地待到那天，卻發生了意外插曲。暑期打工的時間剛好遇到農曆七月，有次我在陽金公路上騎乘摩托車，準備翻山越嶺到金山工作時，一陣濃霧飄過，在一陣恍惚中，我發現道路變得越來越不對勁，驚覺之際趕緊回頭，騎回正確的道路上，我不疑有他，只覺是自己對路線不熟悉所致，並無多想。因為真正嚴重的事情發生在下班後，一樣是在陽金公路上，要從金山回台北市區的路上……

當時，我載著同事，整路跟在一輛公車後面，兩人剛出發時還有些交談，到後來後座同事漸漸地發現他怎麼呼喊我，我都不為所動。我們依然跟在公車後頭，等到其中一個彎道，不知怎麼地我竟徑直地衝向前，想要超過眼前的公車，但這裡可是一個盲彎，於是我騎上了對向車道！我最後的意識只依稀記得，有輛轎車本來離我還有一段距離，朦朧中我看見在兩台車中間夾著一個身影，接著就是一陣金光炫目了。

＊皈依三寶，指皈依佛、法、僧，成為進入佛門的第一步，藉由三寶的加持、祝福，在學佛之路上堅持。

後座的同事落在對方車頂，而我被衝擊到連人帶車往後彈飛了數公尺，嘴裡念念有詞，最後只想著睡覺，醒來已經是在醫院的急診室，所幸大家都只有非常輕微的皮肉傷。

我的主管後來對我來說，**因為我準備要皈依了，這時候會有業力、無形眾生的侵擾問題**。只是對於這樣的說法，我認為實在不是為車禍開脫的藉口，自己騎車技術不佳、觀念不好，得好好檢討自己而已，加上從土城騎到金山，再從金山騎回土城的體力負荷，實在不是什麼輕鬆的事情。

不過為求保險，確認身體無礙後，我還是被家人帶去廟裡收驚。據說就是從那陣濃霧開始受到影響，被看不見的因素影響了意識，經過廟方的處理，可以安心休養。當然，我的騎車觀念與方式，也重新好好上了一課。經過一段時間的休養，我在暑假結束後得以回到學校上課，也順利迎來皈依典禮。

皈依，在信仰上有了著落

皈依典禮選在新莊體育館內舉行，現場總共有六千人要一起進行這個皈依儀式！這是我生平第一次正式參與佛教法會，更別說是大型法會了。

第一次的實際參與，而非看熱鬧性質，令我當下帶著滿心的期待，每一刻都是新體驗，也期待是否會產生什麼奇妙感受。現場除了皈依的人，有部分人則要進行「受戒」，「受戒」是指佛教徒皈依後，再受持「不殺生、不偷盜、不邪淫、不妄語、不飲酒」五條戒律，**透過發自內心的自我要求，持守戒律來屏除陋習、精進向道，從而也被視為修行的一種方法**。想必如果我要往佛教的道路深入，受戒就是我的下一階段了。

隨著法師的出現，代表儀式開始。如此盛會，法師為全體大眾開示：「大眾皈依三寶、受持五戒，找到自心佛性，認識本來真面目。皈依內心佛性，即心即佛，求授三皈五戒就是得度。」

恭送法師後，我們按著儀軌完成了皈依與受戒，並依序排隊接受甘露灌頂，活動結束後，我順利拿到皈依證，看著自己的法名，總覺得完成了一件重要的大事。

整個過程中雖然有所期待，不過以為能平靜度過的我，其實在看見法師坐著輪椅進場時，心頭馬上起了漣漪，淚水意圖占據我的眼眶，在這麼盛大的場合掉眼淚，深怕自己會丟臉，就努力地不讓眼淚掉出來，只是隨著儀軌進行，最終還是流淚了。

或許是覺得終於不用再茫茫渺渺過日；或許是總算在實踐信仰上有個著落；又或許是現場的氣氛共振讓我感受強烈，不管如何，我終於在佛祖的門下「註冊」成功！

皈依後的我，加入青年團，因為與青年團的大家總是能自在互動，並且能在佛法上和同齡人討論，這讓我加深自己與佛教及佛教團體的因緣，更在隔年順著機緣「受戒」。受了五戒的我有了戒體，為了遵守「不殺生、不偷盜、不邪淫、不妄語、不飲酒」，開始調整飲食與行為舉止。變動最大的是吃起長齋，我突然改變的時候，可是讓阿嬤和父親傷腦筋了一陣子，他們的煩惱就是該怎麼煮飯。

我吃素並非想讓他們麻煩，所以說「食魚食肉，也著菜佮」（不能光吃魚吃肉，必須兼吃蔬菜），家人維持平常飲食便可，我只要從日常的菜色排除葷食就好，他們嘴上雖總叨叨念著，偶爾也以健康名義，跟著我調整為全素飲食。

加入青年團，以「青年」的身分參與了道場大大小小的事務，光是兒童夏令營便是連續數年，從隊輔老師一直到總召都擔任過，還有其他如法會、捐血、歲末聯誼等活動。

其中一個最大的感受，是有感於自己並非道場本地人，卻比其他在地青年了解地方文史，便特地商請新莊故事遊藝隊協助，為青年導覽地方文史，增加地方認同，期許提升道場和地方的連結，讓這些年輕人未來也能為地方貢獻。

當時的我，**盼望這樣的大型佛教團體能提升每個分道場在地深耕的機會，讓宗教連同文化一起傳承下去**，這也埋下我日後從宗教走向文史工作的種子。在道場的種種，都成為我日後在佛學精進的伏筆。

廟公解惑籤

◆ 第四首 ◆

透過發自內心的自我要求，
持守戒律來屏除陋習、精進向道，
也是修行的一種方法。

中吉

宜要求自己

5　正式修行開始

經歷了皈依，每日的〈普門品〉早課依舊持續，雖然體質無法改變，至少我的心態能夠安定，對於「修行」的注意力開始慢慢轉移。至於有人確實指導，並且投入時間、精力的修行，則緣自系上某堂民俗相關課程。

定下心，不必聞「乩」起舞

課程中，老師安排我們到一間鄰家宮（設置於民宅裡的私人宮廟）實察，那是一間主祀濟公禪師的宮廟，老師商請宮主讓濟公禪師特別降駕，可以體驗「問事」，希望透過禪師語帶輕鬆又藏有禪機的方式，給予大家不一樣的民俗體驗。

看著同學們陸續填好自己的基本資料和想請示的問題，我只寫上自己的姓名、生日、地址後，就一直停在那裡，因為我壓根不知道要問什麼，思考許久，最後維持一片空白地輪到我。

我一走到乩身旁邊，呈現降駕狀態的濟公對我說「有人找我」，一頭霧水的我只見宮主身體一陣晃動，接著就換成了另一尊神明，聲音與肢體呈現了一位老婦人的感覺，我腦中不停猜想是哪位神明，唯一的線索只有祂自稱「老娘」，尚未釐清是誰，這尊神明馬上對著我唱起詩詞，詩詞的內容以文言台語唱出，我的大腦並沒有完全理解，可是眼淚開始自動流下，持續到對方把整段詩詞唱完為止。

吟唱結束了，大致意思是這些日子以來委屈了，我這無處安放的靈魂將有去處。指的就是我從抓乩後，身心靈無所安定的狀態，加上無人指引的窘境，內心充滿了委屈和辛苦。隨後祂對我說：「如果不嫌棄，就在這待下吧！」語畢，這尊神明便離去，乩身又一陣晃動，換回了原本的濟公禪師。

濟公禪師看著我的臉上掛著兩行淚，先是笑了一下，引起旁人的笑聲，因為大家都知道我是個愛哭的人，待一陣笑聲後，我也收斂起心情，濟公禪師開口道，剛剛來的是「無極老母」，我瞬間意會到什麼，立刻拿下身上的護身符查看，這個戴了多年的護身符後面，就繡著「無極老母」的聖號！難怪祂會對我這段時間的狀態瞭若指掌。濟公禪師繼續說，無極老母都示意了，剩下的就是看我自己的決定與行動，門是開著的，隨時可以自行前來，接著就繼續換其他人體驗問事。

當所有人都請示完畢，退駕之前，濟公又特地把我叫上，要我凡事定下心來，毋須聞「乩」起舞，然後一個個點出我的心結，並說**哭出來是沒有關係的，身體有負荷上限，心理一樣也有，再怎麼堅強，記得要給自己一個出口釋放**。

最後，祂給了我有如定心丸的一段話：**「虛擬的世界待久了，很多事情都成了不確定，再造成對自己的不確定、沒自信。」**意思是要我一切放心即可。雖然我整個過程都沒開口、沒問事，可是祂們早已洞悉一切，這也讓我在問事前感到緊張，結束後卻是無比輕鬆，畢竟解了一個埋藏已久的疑難雜症！

修行反映著自己的身心靈

儘管神明開口讓我在這間宮廟裡修行，我的內心多少是忐忑的，那是來自對陌生的戒慎，不曉得這個環境是否好相處，所謂的「修行」，又要面臨什麼樣的考驗？好在這門課已經開過幾次，有學長姐比較熟悉這間宮廟，我便趁著學長過去的時候一同，減少我的不安。雖是從小進香到大，不過對於專業的民俗知識、修行內容，知道的寥寥無幾，來到這裡，我還是一樣繼續念經，不同的是開始打坐了。

　　這一坐下去，不知道時間流逝，僅僅盤腿端坐在那，時而身體發熱，時而感覺天旋地轉，直到眼睛睜開，竟是兩小時過去，驚訝自己竟然無感時間的變化。後續接連幾次打坐，也都是一打坐就定在位子上兩個小時，可要說有什麼變化嗎？唯獨精神變好而已，不像有的人馬上就可以見到什麼畫面，或者有其他的意外發展。

　　相較於打坐，宮主的本業是誦經師，舉凡喪家需要的做旬法事、宮廟的祝壽法會都是他的工作範疇，我反而跟著出門去助念的次數較多，其中多少是出自我們兩人都在佛門皈依過。

　　起初到喪家助念，心裡帶有不少忌憚，過往都聽長輩說喪事有諸多禁忌，不免留下根深蒂固的觀念，自家辦喪事都有不少要注意的了，何況是陌生人的喪事。反觀宮主老神在在，外表毫無波瀾地進行各種法事、科儀，每個流程都不馬虎，除了部分本就需要迴避的儀式，看我有些膽怯就讓我到車上等著也無妨。

　　後來，碰上宮中師姐家辦喪事，這次我一樣幫忙助念，加上這次的經驗，總算體悟到：**幫忙助念，是對於往生者的一種祝福，同時是對在世親屬的一種安慰，用經文與他人結緣，也是一種「度」**。所謂的禁忌，只要保持非禮勿視、非禮勿聽、非禮勿言即可。我想，不斷地遇見他人離別的場合，是幫自己體悟生死，即使年紀太輕，稍嫌放蕩不羈，卻慢慢懂得收斂，把握人生。從此之後，每逢助念，我的心情都能保持平靜與祝福。

修行，反映著自己的心境。受過助念的洗禮，我對生死有了更進一步的認知，生活也開始不那麼緊繃，總算在開始打坐的半年後，有了變化，尤其是對於「感知」，其中包括對「氣」的掌握，以及對於鬼神的存在。

在「氣」的進步上最為明顯，是由於體育課選修了「太極拳」，除了練習打出一整套二十四式的太極拳，基本的樁功也不能落掉，那是鍛鍊自己的基礎，於是我對練氣這件事特別努力。

另外還發生過一件事：從國中時我就知道自己有脊椎側彎的問題，某日下背疼痛不已，甚至因此無法從事許多日常活動，趕緊去看醫生檢查，從醫生那得到了無從醫治的結論，最後僅拿了止痛藥。宮主聽聞過程後，盛怒之下把我的止痛藥丟了，還覺得莫名其妙的我，就被喝令去打坐，一邊打坐一邊想著要把我的藥撿回來。待到打坐完，我隨即找到機會去把藥撿起來，卻也感到下背的狀況減緩。為了預防只是心理作用，後來我還是換了家醫生，配合醫囑來解決問題，同時透過練氣及運動強壯肉身。經過一段時間調整，我還參加了「太魯閣峽谷馬拉松」，第一次就跑完半程馬拉松，見證自己的進步。

說到半程馬拉松，是我為自己在修行上設下的考驗與蛻變，兒時的我總是體弱多病，性別氣質又相對較為陰柔，種種因素讓我有時不太自信，甚至會無端受到觀念較傳統的宮主責罵。所以，趁著系上老師邀請同學參加馬拉松的機會，順勢當作給自己的挑戰，一來，肉體的鍛鍊是修行人經常忽略的一環；二來，是希望用挑戰自身極限的方式證明自己。為此，我連續兩年參與太魯閣峽谷馬拉松，第二次參加更進步了半小時的成績，**透過這樣的方式激勵自己，提醒自己時刻記得照顧與提升身心靈**。

完善自己，也要平等待人

回歸靈魂層面，無論是自己的靈魂或鬼神，都摸不著、看不見、聽不到，在一片虛無飄渺中，難以確認自己的感知和做法是否正確，所以需要一個「師父」的角色來指導與糾正，好做為我的「指導者」，這也是我在來到這間宮廟之前一直苦惱的事情。在連續遭受兩次「抓乩」後，終於好不容易找到有人能指點我，觀察也挺正派的。

為了能做為一個乩身、一個容器，好好地承接神明降臨，我在大學畢業之前都努力在這間宮廟修行，理解自己的靈魂跟神明、仙佛、鬼魂、妖精的差別，並強壯靈魂，以抵禦外在可能的侵擾。配合宮主的佛門背景，我在閱讀經書的過程，也獲得更進階的佛學知識，不過宮主終究不是佛學院或僧人出身，能給予的有限，剩下得靠自己運用所學，去翻閱相關的經典或工具書了，這些日子著實讓我成長不少。

弟子的養成出自於師父，師父的角色除了指導弟子，也得為弟子承擔；反之，如果弟子自己有足夠的思考能力，師父則是最好的借鏡，人不可能十全十美，包含教育方式、思想、知識、閱歷，若想要站在前人的肩膀上看得更遠，那麼就得從對方身上記取自己討厭的點，並加以改進。

我從修行到日常生活中，體會到人們對於性別氣質、性向的歧視，或是對於不同宗教、族群無法同一而視的不平等心，還有很多很多，這些可能來自成長背景、同儕同事對個人的影響，但那並不是給自己帶有不平等心的藉口。如果我們的修行真心是想為神明服務，什麼功夫、神通都不是首要；**修正自己的言行與心胸，培養**

眾生平等的心態及宏觀的視事態度，在完善自己身心靈的同時，養成對待他人的平等與慈悲，才是最基本的修行。

廟公解惑籤

◆ 第五首 ◆

哭出來是沒有關係的，
身體有負荷上限，心也有，
無論你再怎麼堅強，
記得要給自己一個出口釋放。

吉

宜釋放

6 山裡的她，相知與告別

一邊讀書一邊修行的日子共持續了兩年多，直到大學畢業，我才正式結束這樣的生活。這段時間說長不長，說短不短，足以發生很多事情，我自知不是個天賦異稟的人，修行狀況並非一帆風順，可以說是走走停停，做了很多努力，但也有許多外在事件帶來挫折，甚至讓我萌生放棄的念頭，但又不甘就此停滯，所以不斷尋求資源與機緣，去完善自己的身心靈，以待突破自身枷鎖的機會。

而在我面對一連串的阻礙，打算放棄修行的時候，有一個人與我意氣相投。後來，當她發生事情，而我無能為力，讓我下定決心：**無論未來怎麼變化，我也不能放棄「普度眾生」的願**。

渴望破繭的兩個年輕靈魂

這位在我生命中扮演轉捩點角色的人，是我到外系修課的同學，那時候的我已經大四，她則大一而已。我們共同修了「自然書寫」這門課，許多人為了老師是知名作家而慕名修課，我單純是為了學分。這門課除了有個人書寫練習還有期中分組報告，我們因為報告所需被分到了同一組，透過這份報告開啟了緣分。

依舊記得我們的報告書目《爬樹的女人：在樹冠實現夢想的田野生物學家》（*Life in the Treetops: Adventures of a Woman in Field Biology*），描述美國科學家瑪格麗特・羅曼（Margaret D . Lowman）投入樹冠層的研究，開啟女性在此領域的里程碑，並且獨力照顧兩個小孩，兼顧家庭與事業。我們兩人相對於其他組員更為熟絡，出自我們兩人的報告部分是透過瑪格麗特・羅曼的故事，投射我們各自的闡述，在報告完成之前，我倆討論著自己碰上的困境與對未來的迷惘，同時對照瑪格麗特・羅曼的故事，因此格外有共鳴。

報告當下，我們兩人是整份報告的壓軸。由我先報告這個故事投射到乩身一事，從自身家庭角色、社會角色間的衝突，呼應到瑪格麗特在家庭與研究之間的來回，尤其一名女性獨自到幾乎都是男性的場域出外工作數週，叫人怎能不擔心？更別說她的工作必須待在樹冠層，要承擔偌大的風險與孤寂，慶幸的是雙親願意支持；而我則是面對一個看不到、摸不到的世界，明知修行是一條困難重重的路，我還是願意扛下一切，我的母親曾經表達反對意見，然而每當遇到瓶頸時，她終究還是會給予支持，一個擁抱、一段安慰。如同書中寫道：「我很幸運，我的父母親很用心教導我，即便他們總是不認同我追求科學的熱情，但仍舊願意在我旅外的時候，給予我需要的協助。」

面對性別問題，我同樣心有戚戚焉。宗教體制受到漢文化影響，與現代的平權觀念並不相同，性別氣質、外貌裝扮等，無論男性或女性，在體制內其實都受到諸多限制。看回瑪格麗特，她身為女性，在婚姻中受到限制，在研究中經常遭遇不一樣的眼光，性別本身成為一種限制。**然而瑪格麗特並沒有被性別限制困住，甚至就像種子一樣，突破重重障礙，萌芽成長到現今地位**。剛好性別與身體這一題，正是我們兩人都遇上的一道題目，我們也還在努力中。

我的部分結束之後便是由她報告，她用看過的電影切入：「觀賞法國導演盧貝松（Luc Besson）執導的電影《碧海藍天》（*Le Grand Bleu*）與閱讀《爬樹的女人》

相似，都會開始著迷於當中所呈現的人與自然接觸、互動的情感，而暫時放下道德評判，不願去指責為何電影中賈克要離開那麼愛他的女人，或者為何瑪格麗特要帶著孩子離開澳洲的丈夫。

「面向自然的人，似乎都擁有某種能力，以行動去訴說那個得以用完全不同的尺度觀看、進入的世界。賈克告訴喬安娜『當我身處那片湛藍，總是找不到浮出水面的理由』，我總在想，使瑪格麗特下定決心的，並不光是『研究精神』和以科學的眼界為考量而已，勢必還關乎那些在樹冠層的時光，那個離地一兩百呎的世界，那個使人類突破視覺制約的位置。她和賈克很像，她下不了樹。」

最後她說：「人在脆弱時所做出的抉擇，都是預設只要遠離現在，未來的路就是新生的、毫無阻礙吧，會忘記任何一種選擇在往後都有其艱難之處。不過，**總是會有什麼在其中留下來的**，就像瑪格麗特後來擁有孩子，而孩子能夠陪伴她去某些地方。賈克什麼也不帶走，孑然一身入海，回應海的召喚；而瑪格麗特也仍然回到了樹上，卻也彷彿經歷了比樹木更厚實的什麼。」

這份小組期中報告拿到了A+的成績，回想最初我們可是緊張萬分，結果竟在短短的時間內，透過這份報告坦誠與熟識彼此。

面對遺憾，學習接受與釋然

學期結束後，她辦了休學，要和男友一起從印度出發，前往尼泊爾，進行她那屬於「山」的旅行。看著她在臉書上記錄著出發前的種種，有大家為她舉辦的餞行，行前的最後準備，各種心情變化，以及旁人對於這段旅程提出的疑問等，還延伸到了課堂的回憶與共同修課的我們。旅程前期，臉書上不定期會跳出她的貼文，記錄著她的足跡與歷程，讓我們知道她遇見了什麼人事物，也等同跟所有的親友報上一聲平安。

看著貼文，旅途中充滿喜怒哀樂，各式的情緒交雜在那漫長的路上，異國風情的背後是人生地不熟帶來的考驗，食衣住行紛紛出現挑戰，在異文化裡生存雖然辛苦，卻也勾起我生命經驗裡的各種記憶，還有那些衝擊對自己帶來的感受。

只是從某天起，她的貼文不再更新，訊息就像斷線風箏，時間一天一天過去，大家開始告知彼此，希望透過不同管道尋找她的足跡與訊息，深怕一個錯過，就是永遠。我也從宗教的角度幫忙，趁著打坐結束的空檔，向著面前的眾神明祈求，希望她們這趟旅程平安順利、逢凶化吉，可以早日回來。

在失聯的數十日後，某日我早早地做完打坐的功課，覺得心頭悶悶，便跟師弟說要休息了。此時，手機瘋狂震動，原來是同學傳來關於她的消息，新聞媒體正在報導她罹難的事情。接收到沉痛的訊息，心頭不只是悶悶，而是迎來偌大的悲傷。在被悲傷吞沒前，我努力壓抑情緒，去了神明面前，合掌恭敬地訴說之前祈求的對象，如今已經往生，接下來請為她照亮回家的路。

做完祈禱的我，想在情緒崩潰之前用睡眠來逃避。怎料，師弟看我眼眶紅，就向著大家宣傳：「庭俊要哭了！他不知道發生什麼事！」外頭馬上傳來嚴肅的叫喚聲，原來是宮主要我說明到底發生什麼事，講沒幾句眼淚就潰堤般傾瀉而出，說完來龍去脈後，我被要求重新點香跟案上的神明稟報事情始末，接著等待。

不到數分鐘的時間，我的眼淚鼻涕都還掛在臉上，又被叫喚了。宮主詢問對方的身型、外表等特徵，聽聞描述的內容，我的眼淚鼻涕又開始不停噴湧，是她，真的是她回來了。**原來靈魂比光纖還要快速**，雖然因為親疏遠近的關係，不能表示什麼，至少她的靈魂不會回不了家。

但我也開始自責起自己真的枉為修行人！因為這時，宮主丟來一句：「你就不早點跟祂們說，說不定就沒事！」這句話就像一把利刃插入心裡，雖說「命中有時終須有，命中無時莫強求」，每個人的命數各有不同，但看著認識的親友從眼下離開，心裡不免感慨，更何況自己並非沒有向祂們祈禱過。只是當時發生了某些事件，導致我在逃避那間宮廟，也逃避修行，一直到她罹難前，我偶爾還是會升起逃避的心態，過去廟裡打坐的次數屈指可數。是不是因為自己的不夠努力，使得在這件事情上，我怎麼樣也幫不上忙？

當時的我陷入這樣的迴圈裡，難道就不能沒有遺憾嗎……

「遺憾」這兩個字，深深種在心上，多少次身邊的人離世，一筆一筆地在腦海刻下記憶，總以為自己走入修行，能減少這樣的事情發生，究竟是自己太不認真，還是我的能力就是這麼弱？如果當初一心修行，是否就能避免憾事發生？無數的想法盤踞心頭，卻在告別與祝福她之後，萌生了新的念頭：**已發生的既定現實無法改變，真要好好做為一個修行人，應該是學會接受與釋然，並且隨時做好準備，迎接接踵而來的各種事情，或者等待潛伏的事物**。

至此，我重拾心情面對修行，期許自己未來能勇敢面對與接受各種世間變化，**不喜歡遺憾，那就讓自己有能力去將風險降到最低**，且時刻提醒自己修行的初衷是為了什麼。

廟公解惑籤

◆ 第六首 ◆

已發生的既定現實無法改變，
應該學會接受與釋然，
並且隨時做好準備，
迎接接踵而來的各種事情。

中吉

宜接受

7—要出家還是當乩童？

輾轉幾回的修行雖不順利，但總是繼續下去了，其中不管怎麼變化，佛的種子都不斷成長，並且在這一路相輔相成。

修行的過程除了靜坐的功夫，還得分出部分力氣給誦經、持咒，透過這樣的功夫輔助靜心、練氣，藉由經文來增長自己的智慧。而我不分佛教、道教，只選擇當下最適合的經典、咒語來持誦，不停吸收兩者的學問與內涵。兩教並行的狀況，在民間其實並不罕見，因此當我被媽祖直接地問：**「出家佮做童乩，選一個！」**這個選擇，可是實實在在難倒我了！

短期出家體驗

時間正值大學畢業不久，面對媽祖突如其來拋出的問題，我煩惱著該怎麼選才好。會陷入苦惱是因為自己在佛法的薰陶下，確實有萌生過出家的念頭，可是我一直以來修行的目標之一就是為了成為「乩身」。所幸身為生理男性，我也有等兵單的問題，在兵單來臨之前，這段時間就是我的探索期，最先迎來的是一個短期出家的修道機會。

整個短期出家修道會為時七天，最先要將手機收起來，回歸自心，再透過外相的改變去讓自己進入狀況，把身上的便服換下，穿上僧服、僧鞋等，頭髮的部分為了讓不同身分的人方便參與，所以後來的短期出家者都不用剃頭，我的頭髮自然也留著了。整理好服儀，就得調整自己的行為舉止，尤其行、住、坐、臥各有要留意的部分，因為平時的習慣，這般的威儀訓練著實需要下功夫覺察與調整，其他還有對於生活、環境的說明等。

在這七天裡，必須時刻注意自己的威儀，每天有著各樣功課，早課、晚課、朝山、禪修等，早課中需課誦《佛說八大人覺經》，是我陌生的經文，為了將其背下，可是費盡苦心，在筆記上默寫了許多次才烙印在腦海中。除了這些基本的修行，用齋、洗衣，甚至打掃，這些日常都是參禪的機會，替大眾講解梵唄唱誦、經文佛法的課程當然也沒有少。要用短短的七天薰習身心靈，在生活中與修行裡，培養自己的正念、正見，「解行並重」。

七天的時間飛快，回歸自心的日子有不少心得，每次早晚課的拜佛，人生總像跑馬燈在眼前顯現，**開心與不開心的事情，就這麼在起身當下過去**，這段時間體會的是，「吾有法樂，不樂世俗之樂」，為了「三千威儀，八萬細行」，會提醒自己不能忘記要提起正念，**自己即便不是個真正的出家人，但發心立願、少欲知足、具慈悲心、謹守本分、忍辱柔和這些條件，是我們在俗事上就該具備的**，更別說我想以「修行者」自居了。

七天終究是太短了，在法師們的介紹下，我知道了「叢林學院」（又稱佛學院）的存在，那是能夠更深入探就佛教、佛法，與培養自己威儀的地方，但兵單遲遲未來的我，陷入猶豫中。

修行大魔王：出坡作務、威儀鍛鍊

幾經考慮，得知有「短期佛學院」可以就讀，與法師商量過後，他們允許我在接到兵單後，請假十二天去完成補充兵的兵役，於是不想痴痴等待兵單的我，就決定報名「短期佛學院」了，**想著或許這是改變的機會，用半年的時間去探究自己到底是否適合出家**。半年的時間說長不長，說短不短，加上沒有手機與外通聯，我內心難免升起掙扎，甚至在報到前一刻逃避了……

還記得要去報到的前一晚我住在姨丈家，隔天姨丈特地安排時間要帶我上山，在快到門口前，我請姨丈騎慢一點，其實我內心有點害怕，害怕不曉得這半年要接受的是什麼內容，姨丈看我卻步了，就油門一催把我帶去附近老街再說。姨丈陪著我散步在老街，一邊問我在怕什麼，具體我也說不出來，姨丈索性帶我去大廟拜拜，或許看到最熟悉的神明「媽祖」，心裡多少會平靜吧！在參拜完後，我才做好最後的心理準備，到佛學院報到。

推開佛學院的大門，似乎推開了通往某個世界的大門一般，將手機交出去後，往後的一段時日，我將與原本的世界失去聯繫。安頓行李、換上制服、開始熟悉這世界的一切，無論空間、人員還是規矩，一切都十分陌生，即使帶過好幾年的佛學夏令營，在青年團參與過幾次活動，自己又多是在活動或特定情況下才出席的成員，通常是被照顧的角色，對於佛門規矩還是不太熟悉。這次就讀佛學院，除了要整理自己的身心與適應，還要跟上學院安排的作息與功課，就是得跟著出坡作務

（又稱普請），這除了是工作，更是一門功課，其中有一樣內容是我最害怕的大魔王——「行堂」。

行堂指的是大眾到齋堂過堂（吃飯）時，替大眾添加飯菜、盛裝茶水的工作。從過堂前的環境整理、領碗盤、提飯菜、排碗筷就讓我倍感壓力，除了要注意自己的威儀，排放碗筷要注意音量，還要注意是否跟前後左右對齊、擺放的位置是否合宜，如果沒有放好，學長見狀就會馬上糾正。

等唱起供養咒，所有行堂人員匆匆穿梭齋堂中，要在唱咒的兩三分鐘內將桌上的碗盤添好飯菜和湯，動作要快，出手也得精準，不能弄髒桌子，同時拿捏分量，每一點糧食都是大家的發心，不能因為自己的粗心浪費了。供養咒唱畢，大眾開始用齋的當下，我們必須眼觀四面、耳聽八方，注意有沒有需要退飯菜或添加飯菜的，每刻每秒都得集中精神，不得分神。待到所有人離席，收拾完餐盤、飯菜，整理好環境，才是一次完整的行堂。

每逢行堂的我，**彷彿全身細胞都激化了起來，全程緊繃而專注著，是扎實的修行啊！**

鍛鍊威儀的環節很多，午齋後從齋堂回到學院，每個人身上仍穿著海青、幔衣

（過堂需穿海青、幔衣或袈裟），此時拿碗取水頂在頭上，接著成一路縱隊，開始在學院裡走路，端正自己行走的樣子，起初容易在轉角時，沒有控制好轉動幅度而灑出水來，再來是上下樓時，腳步一個踏差濺了一身，練習了好一陣子之後，漸漸才不再有弄溼自己的窘境，**這樣的威儀訓練，幫助我日後需要誦經的場合，在重視外相的這個時代，能夠光以莊嚴的樣子取得大家的信任**。

不願當獨善其身的修行人

半年的短期佛學院，實際上我只讀了一個多月就離開，除了兵單的關係，還因為一段插曲。

進去佛學院後幾週，碰上了孝道月（農曆七月），晚課的課誦有時會到大雄寶殿進行，接連幾天的內容都是《地藏菩薩本願經》，經文講述著眾生的生老病死與地藏王菩薩的大悲願及孝道，在誦念地藏經的當下，我的腦海開始浮現母親的模樣，隨著經文繼續，畫面跟著不停跑著，竟開始鼻酸了起來，慶幸在尚未落淚之前，晚課就結束了。

後來一日，晚課的課誦內容是《父母恩重難報經》，經文開始不久，母親的模樣又出現了，這次看見的畫面更加清晰，場景是在醫院，母親則躺在病床上，此時聽著經文的聲音，眼淚卻潸然落下，我怎麼樣也克制不住自己，內心升起了諸多害怕，害怕自己的眼淚被看見，害怕家裡是否真有狀況，害怕我不能聯絡上母親……這究竟是什麼情況，我並沒有搞懂，只是沒幾天就接到消息說兵單來了，要準備去當兵。

準備收拾行李的我，思考究竟是否該帶上全部行李，還是會再回來呢？最後，我選擇把我能帶走的都帶走，我要預防任何意外。收好行李、換回便服，跟法師取回手機，重拾闊別多日的對外聯繫管道，手機不停傳來震動，持續了好一會兒。看到家裡的群組，原來母親是真的生病，並且在病房裡待上了一陣子，剛好正是那幾次晚課的時間，只是家人並沒有聯絡我，他們不想麻煩離家遙遠的我。讀完所有的訊息，臉上早就一片溼熱，我在車上近似無聲地啜泣著，用一團亂的心情回到家，看著已經出院的母親，直接給上最大的擁抱，剩下的盡在不言中。隔天，我就前往成功嶺完成我的兵役。

母親的這一場病，讓我反思自己對於「修行」的追求是否適當。回過頭來正是媽祖問我的那句「出家佮做童乩，選一個」，我真的想清楚了嗎？

到此為止，基於這場事件，**我認清我該扮演的角色為何，不同於隱世、出世的修行人，或者獨善其身的修士，我從在花蓮讀書開始，便是愛管閒事的「雞婆性」，那麼我自然不適合如此遠離俗世的修行方式**。

再者，一旦出家了，言行舉止、穿著打扮、出入場所都將與一般人有所區隔。日後勢必得面對更多眾生，我要用不同的言語、形象，**「應以何身得度，即現何身而為說法」**，即使我不食菸、酒、葷食，**但我想要能跟大家同桌共進、同心共語，用我紅塵中最平凡的模樣，去遇見每一個該遇見的緣分**。

所以我放棄了回去佛學院，放棄「出家」的路線選擇，繼續我屬於「乩身」的修行，用這個方式繼續未完的「普度眾生」！

廟公解惑籤

◆ 第七首 ◆

即便不是眞正的出家人，
發心立願、少欲知足、具慈悲心、
謹守本分、忍辱柔和等態度，
是我們在俗事上就該具備的。

大吉

宜自持

8 — 菜鳥廟務的職場修行

「先顧腹肚，再顧佛祖」，這是再基本不過的道理。

退伍後，決定不回佛學院的我，馬上進入找工作的狀態。評估自己大學學習的人文地理專業及打工經驗，除去地理老師、公務員、職業軍人這類的選項，似乎都是較為普通常見的工作選擇，難以突出或有一番成就。

此時，我想到自己還有民俗、宗教領域的經驗與知識，不妨試著在求職網上找尋相關條件的工作，搜尋結果出來，出乎意料地有好幾個相關工作，同時數間廟宇都在尋求廟務管理、行政相關的人員，考量工作地點、工作內容、交通等因素，最終選定了其中一間的廟務投履歷，而且我有強烈預感，八九不離十就是這家了，只是為了避免一場空，又投了其他民俗或文化類型的工作，希望能早日投入職場。

果不其然，最後得到回覆的唯獨這一間廟務職缺，按照約定的時間前往面試，過程中談論著他們是一間全新的廟宇，一切都剛起步不久，因為本身開設紡織及建設公司，而有能力幫瑤池金母建廟，全新的廟宇百業待興，尤其廟體正在建設，因此每件事都有發揮空間。

身為社會新鮮人的我聽下來，覺得這是個很好的挑戰，加上迫切想要開始工作，心裡是期待能夠錄取的。只是過了人的關卡，還要給神明檢驗才行，究竟能不能錄取？薪水該給多少？這些在我面試完之後，堂主會去瑤池金母面前，透過擲筊來做最後的決定。慶幸在大學時期，我經常借助瑤池金母的神威，幫需要的同學收驚，長期下來跟瑤池金母這尊神明建立了不小的緣分，於是在退伍後的半個月，我順利找到工作了。

第一份任務就是「蓋廟」

雖是廟務人員，但我的工作單位掛在堂主名下的紡織公司，使我能享有勞健保、年終獎金和週休二日等基本權益，對於社會新鮮人的第一份工作來說，只要不過度加班就不差了。

只是大家對於「廟務」的印象都停留在長輩、閒暇人士之類，對於我的能力抱有遲疑，或者對於一個年輕人選擇這樣的工作，不免會擔憂未來的發展。人事姐姐就在帶我熟悉環境時，忍不住脫口問：「你一出社會就選了這個工作，不怕以後要換很難嗎？」剛出社會的我並沒有太多設想，因為全職廟務只有我一人，其他都是公司裡的人在工作之餘幫忙，有太多事情等著我這個菜鳥廟務處理，實在沒有力氣多想。

當我開始這份工作時，位在南投名間的廟宇建設，早已經歷了動土、轉向、上梁等過程，在迎來下一步驟前，尚不用費心在建廟業務上，倒是為了日後發展，首要任務是創建社群打開知名度，並與其他宮廟互動，再來設立社團法人，透過合法立案的組織辦理慈善活動，以利廟宇能更多元地發揮社會功能。

在網路社群方面，自己對於臉書的操作十分熟悉，於是使用這個平台創建粉絲專頁，加上略有美編能力，就這樣開始推廣我的業務，同時利用過往做學術的經驗，分析比較容易跟我們這些宮廟菜鳥來往的對象，逐一留言、交流。隨著時間一天一天過去，整個粉絲專頁的人數略有增長，這間宮的名字傳遞開來，進而有了與其他宮交流的機會，比如堂慶、宮慶、法會等場合，只要接到帖子且時間允許，皆會安排人員參與。

做為唯一的正式廟務，自然是每場都到，**雖然這份工作不用像上班族的那般應酬，可是跑遍各大廟會、宮廟餐宴，成了屬於我的應酬！**其中時不時會占用到假日，但只要堂主不苛刻我，我都不覺得為難或辛苦。因為除了工資、工時的問題，撇除工作身分，自己仍是宗教圈的人士，大家沒聽過我自是正常，但這就是我的機會，努力在大家面前露出，給大家認識有這樣的一個小子在協助一間新廟的建設，也替自己結下諸多善緣。

臉書與公關的事情好解決，成立社團法人可是折騰我好一陣子。光是相關法規、成立條件、文件整理就讓人一個頭兩個大，從其他人口中得知，部分宮廟為了減少這些繁瑣行政，會直接花錢請人代辦。這裡沒有代辦可以拯救我，至少公司的總務姐姐社會經歷多，待在公司的經歷也久，在她的出手幫忙下，我們兩人總算是聯合將申請文件順利送出，並且共同經歷數次的籌備與成立會議，總算正式完成了社團法人的申請與成立。後續的寒冬送暖、分送街友便當的活動，順利使用社團法人的名義執行，慈善公益自此正式成為廟務的一大重點。

行政事務上了軌道後，建廟的事情便得繼續推動下去，我最先遇到的事情雖非重大，也需要十分慎重，那便是「安龍柱」。為了安下廟前重要的龍柱及花鳥柱，特別請祖廟的師姐前來相助。儀式事先看好時辰，選在上午八點進行，為此我們清晨四點出發，接到所有人員後，再從台北直奔名間廟地，趕在時辰前完成前置作業，接著稟告天地及瑤池金母，在天地、神明見證下，完成這安龍柱的儀式，過程須不斷誦念道教咒語——金光神咒。

完成安龍柱的儀式後，進入各項作業的加速期：各殿神像的塑造，楹聯的文字選用，石雕、木作、彩繪的典故，鐘、鼓、香爐的鑄造，現場的各式建造工程、水電工程等，部分項目在集結眾人智慧決定後，**還得向瑤池金母稟報且擲筊確認，才可進行施作，畢竟這是屬於祂們永久鎮居的殿堂，採用的規制、選擇的內容，都需經過祂們認可**。

當然，廟宇的實際建造還是在於我們這些凡人，細節的部分就得倚靠各項專業分工，及未來的規劃用途來調整。看似有建築公司的人員在，身為廟務的我只需負擔少許建廟業務，隨著工程一步步推進，彼此需要更多的配合，為此我還特地學了點基礎的製圖軟體，不然連基本的溝通都需要費上力氣，更別說還要轉譯給七十歲的堂主聽，為了上手這些建廟相關的內容，真是煞費苦心。

在處理楹聯文字、欄杆石雕上亦然，為使香客一目了然奉祀神明為誰，選用的文字、典故必須鮮明，文字是否符合格式，用字遣詞是否合理，這部分讓我們所有人傷透腦筋；欄杆石雕則是在廠商提供的圖面中，選擇與瑤池金母相關的傳說，並且進行適當排列，除了考驗自己對瑤池金母的認識深淺，也在考驗美學與故事編輯的能力。在所有建廟相關工作決策都大致底定，剩下的就是等待工期完成，以及「入火安座」的安排了。

菜鳥也能不卑不亢，獲得尊重

工程進度到達一定程度了，堂主便領著我去找道長商談「入火安座」的日期與科儀安排。專業的科儀細節，這個當由道長自行處理，部分物資需求則交由師姐負責，做為唯一的正式廟務，得在入火安座當下，**扮演好連結各個單位、人員，以及照顧所有細節的角色**。

另外，從事前的海報、邀請卡、邀請名單、各廠商的最後聯繫、進退場時間，同樣是由我處理。從上工第一天，到籌備入火大典，不過九個月的時間，我已經從一個菜鳥廟務，要瞻前顧後地處理入火安座三日法會這般的大型祭典，無論再怎麼初出江湖，都能在這一連串的廟務工作裡直接拉高等級，這個高壓環境，也成為我最好的修行之地。

「人在江湖，身不由己」，進入職場自然不可能事事順心，可倘若超乎自己的承受範圍，我總有自由去提起離職吧！因為接連幾次不必要的臨時加班，以及因為無法滿足額外的要求，而必須無端承受他人的情緒字眼，都讓我萌生離職的念頭。

第一次提離職，在堂主的慰留及基於對瑤池金母的尊重，我留下了。第二次的我，在各種身心煎熬下，內心充滿了憤怒，正當辭職的話語堆上了喉頭，我感覺後腦杓上遭受一股重擊，瞬間天旋地轉了好幾秒，回神發現時間竟連一秒都沒有推進，我的後面也沒有任何人，我意識到這是祂們的示意，希望我至少堅持到廟宇落成。雖得到如此的示意，**但我也各向人與神爭取自己應得的尊重與福利，在入火安座前，準備最充分的身心，好應對這最重要的段落**。

入火安座大典為期三天，加上前置作業，以及環境整理，我們這些核心人員從前一週就移師名間，著手所有作業。入火安座是神明入新厝的重要大事，大家無不慎重其事，同樣請來師姐協助。每個人總有自己做事的習慣，面對前輩們，我的輩分不好開口，在處理事情上只有圓融再圓融；面對來報名法會的信眾，大家見我年紀小又是外地人，多少有先入為主的觀念，甚至表現得毫不客氣，做為廟務人員，只有不卑不亢、不慍不火地應對，並為其解決。

面對種種狀況，我回想起出家人的條件——**謹守本分、忍辱柔和，即便不出家，這些特質仍舊是應世準則，既然處在道場，那何處不道場，何處不修行**。

三天法會中，香煙裊裊不能斷，廟門自然不能關，所以有了守夜的需求。白天要處理所有的人事及法會，晚上守夜的任務也少不了我，這次換成了體力上的考驗。只是任由再怎麼鐵打的身體，都有極限，更何況還需要在堂主、師姐、香客、廠商、友宮等多方之間來回奔波，還好神明有保佑，聽著科儀進行到即將拜天公時，我才體力不支地倒下。

最後，我在一片代表著法會圓滿的鞭炮聲中，被送去鄰近的醫院掛急診、吊點滴，當下心裡依然想著圓滿了，**我這個菜鳥廟務不菜了吧！**

廟公解惑籤

◆ 第八首 ◆

「人在江湖，身不由己」，
進入職場不可能事事順心，
倘若超乎自己的承受範圍，
你有權利爭取應得的尊重與福利。

吉

宜爭取

9 開山廟公步步成長

看著廟堂上的匾額，在人群簇擁下揭匾、剪綵，宣告大廟落成，代表我的任務得進行到下一階段。

熱鬧喧嘩的時間總是過得飛快，人潮熙來攘往的入火安座三日法會，一下就結束。所有人按著工作崗位各自忙碌去，占地兩甲的廟地，最後只留下我一人處理各項廟務及眼前的一切，再加上一位協助清潔打掃的移工作陪，我倆就在這淺山地區開始我的「廟公」人生，打點這間新廟。

全職廟公都在做什麼？

擔任「廟公」，具體上需要什麼做些什麼？我原先也沒有個底，因為從來沒有人把這個角色應該具備的樣子給制式化，每間廟宇的地方風情、組織內容、成員分工又各自不同，所以沒有一定的模式。既然沒有範本，我還是跟著這座廟宇一起成長的人，那麼就讓我這個「開山廟公」，帶著這間廟上軌道吧！

我這個廟公服務信徒的時間，是從廟門開啟一直到廟門關上為止，時間從清晨六點至晚上八點。不過就像開店營業那般，在開門之前得整理好環境，於是每天五點多梳洗完，立刻要進行大殿的清潔工作，完成所有整潔工作後，才能準時在六點整開廟門、敬茶、奉香，迎接一天的開始。

等所有基本程序完成，在沒有香客需要招呼的狀況下，我接著要換上長袍進行早課的課誦，既然是瑤池金母的宮堂，誦念的當然是《瑤池金母普度收圓定慧解脫真經》，偶爾搭配〈觀世音菩薩普門品〉，以早課讚揚神威，是為信眾祈福，**同時藉由如此固定的儀式，促使人們養成約束力，在長久累積下能有所精進，是為一種修行方式**。對於其他人來說，需要一段時間習慣，待過佛學院的我則能自然上手，且相較於單純地誦念，我還得獨自使用磬、木魚、引磬這些法器，來引導早課時間參拜的香客，讓其感受道場莊嚴，埋下未來可能參與的種子。

只是，一間坐落鄉間的全新廟宇，在尚未跟地方居民建立信任前，除了舉辦法會、聖誕、慈善活動等特殊時節，曾經有一整天都沒有一個人來。在地居民經過入火安座那樣的激情後，似乎需要一些休養的時間，各自忙於士農工商，許久都不見蹤影；也有許多人只知道這裡忽然蓋了一間大廟，但未曾聽聞相關的靈感事蹟，或在地方上的建設、貢獻，尚未有機緣促使他們走來。因此我度過一小段寧靜、清幽的日子，加上在此鄉間的鄰近住戶都有一些距離，**那樣的日子彷彿自己是位久居深山的寺廟住持，每日只需灑掃庭院、清修自持，成了我另一種隱世的修行生活**。

也著神，也著人

杳無人煙的日子並沒有持續太久，嚮往能在清淨道場自修的人出現了，每天開廟門後不久，都有同一個人開著小轎車前來燒香，當我進行早課的時候，在大殿的一個角落自己打坐，結束打坐便自行離去，因為無需照顧他，我們之間並沒有太多交會，只是久而久之大家都知道這個人，他也在後來成為廟裡的志工。

之後，陸續又有其他人因著不同需求前來，有的人是生意或工作碰上了困難，前來尋求慰藉，乃至求助；有的人身體微恙，前來請示瑤池金母是否有適當的求醫之道……諸如此類，**內心帶著不同疑問的人陸續出現，這間廟宇漸漸地越來越有人**

氣，平靜的廟埕慢慢多了人聲。

特地來此求助的人們，大多透過清香祝禱、擲筊請示，便可以解除心頭的困難，我只需留意他們是否需要協助。唯獨少數的一些案例，才需要輪到我這個廟公出手，其中一個印象深刻的案例，是要勞煩瑤池金母將其收為「契囝」。

一位信女因為工作和身體的問題，來到這找尋希望，請示了神明，神明除了願意相助，更有機緣可以將她收為義女，於是我們便為她辦理了相關的儀式，她也成為這裡的第一個契囝。這為經營尚未完全上軌道的我們，埋下未來正式對大眾辦理「皈依」、「收契」儀式的因緣，儀式完成後不久，就見她回來還願，想必事情一定是順利解決了。在尚未「降乩辦事」前，我就能為信徒屢屢解決疑難雜症，代表著自己有做好廟公的責任，我能擔任這個角色，對自己及許多人來說也是一個因緣。

除了上門求助的信徒，接連有人表示受到一尊金面瑤池金母的感召，有的是在夢中接收到訊息；有的則是在南投一帶遊玩時，收到強烈的悸動。他們都在感受到召喚後，依著網路訊息或其他管道找來，進到大殿看見九尺九高的鎮殿金面瑤池金母神像，不禁淚流滿面，部分有著特殊體質或修行法門的人，還會說起靈語、唱起靈歌，甚至靈動起來，堂主並沒有制止這些狀況，我們只需留意現場安全，以及避免影響其他香客即可。

這裡不屬於交通要衝，搭乘大眾運輸也不易到達，仍時不時有陌生香客找來，可以理解瑤池金母正用自己的方式發揮神威，**「也著神，也著人」**（凡是求天助，也須盡人事），要發揚一間宮廟實在不容易，如今看來在眾人的努力經營，與神靈默佑的情況下，眼見這間廟的運作正在上軌道，那麼我是否可以往下一階段邁進了呢？

構築人們心中的那座廟

相處久了，多少有些感情。只是一直待在這個位子上，我能成長的程度受限，世界很大，我認為不能一直把自己綁在同一個地方。經歷了佛學院、廟務、廟公的幾個歷程，我體悟到廟堂無論大小，終究是有個門檻存在，並非所有人都能走到這廟堂之中，每日看著香客來來去去，帶著煩惱走進大殿，那些煩惱是否在走出去時能煙消雲散？這我們不得而知。

有能力前來廟裡參拜的人都如此了，那些出於各種因素無法前來的人，又該如何呢？**信仰是否只能存於廟堂之上？當然不是！**所謂的大廟，是否只有在見到宏偉建築時，才能成為支撐大家內心的大廟？對我來說這些都是「外相」，存於世間表象的東西，既然立志紅塵修行，**且讓我這個廟公走出去，跨出門檻之外，去遇見每個待解的因緣，構築相遇之人心中的大廟，讓自己支撐自己，只要大家心裡的信仰存在，我就在大家內心那座大廟裡，扮演廟公的角色**。這樣的心念啟動，成為我之後雲遊四海、普度眾生的願與力。

這是第三次提離職。向堂主辭職之前，我先跟瑤池金母稟報這兩甲地上的一草一木，各項建設狀況和日常流程，最後用擲筊的方式確認祂准許我辭職，一連三個聖筊落地，神明這關終於獲得允許。在確認告別的時間時，原先我的計畫是最後一天關上廟門，輕輕地說聲再見，再自行前往高鐵搭車返家，怎料瑤池金母卻示意，最後一天的傍晚就可以踏上歸途，還會有人來載我，雖然心中想著怎麼可能，我還是把這件事記下。

接下來就換跟堂主辭職。這次開口總算沒有遭受重擊的感覺，經過一番溝通，堂主再怎麼不願意，終究是退了一步，讓我好好結束這份工作，但我也承諾假如時間允許，我會回來幫忙的。

就這樣迎來最後一天，起床盥洗完，收拾這些日子以來累積的行李，趁著工作的空檔，散步在這兩甲地上，做我在職的最後巡視，看著花草樹木順利生長、廟體周邊一如既往的整潔，香客陸續前來燒香，這一切都在軌道上，不免也有一點成就感。看著時間一點一滴流逝，心想我應就是關上廟門後，自己去坐車了，怎料堂主的弟弟們剛好上山來，堂主的外甥也從國外回來，特地開車南下來拜拜，並表示可以順道載我返回台北。驚訝的同時，想著那關廟門之前誰來照顧？堂主的弟弟拍胸脯要我放心，剩下的他們處理。我就按照瑤池金母的指示，在傍晚時分，與所有人和神明說上再見，結束「全職廟公」的生活。

說了再見，是真的要再見面。後來的日子裡，我屢屢在大型法會、慶典、活動等重要日子裡，以救援王的狀態回歸，負責維持場面秩序，拿起麥克風主持整個祭儀，服務所有人，廣播大小事項。雖然誦經已經有誦經團的師姐負責，我依然可以透過司儀、廣播的角色，用聲音替瑤池金母效勞。開山元老的身分除了能鎮守現場，也能穩住大家的心情，加上在外工作、遊歷的經驗，即便現場突發狀況再多，我都能及時應變。

回來的次數多了，新進的成員也能認出我是誰，當我完成任務要離開時，他們總喊著「我們需要你」、「留下來」這類的話語，可我的人生正不停推進，這座道場建好了，有人顧守我很安心，但許多人心中那座大廟仍等著有人幫忙築基，我不能耽擱在此。只要記得，遇到重要關頭時，總有個「開山廟公」會跟英雄一樣挺身而出就好！

廟公解惑籤

◆ 第九首 ◆

走出去，跨到門檻之外，
去遇見每個待解的因緣，
構築相遇之人心中的大廟，
成爲他們的支柱。

中吉

宜出走

10 ─ 褪去通靈力，打回麻瓜

要訓練成一個正式的乩童，或者想要以修行者自稱，這個過程一點都不輕鬆。經歷了花蓮的靈修時期、短期出家、上佛學院，以及大廟的建設與經營，三次的遠居在外又重回台北，修行在這之間反覆來回。

最後，我回到台北，待在外公與友人一同成立的媽祖廟修行，從尚在花蓮修行之時，其實廟裡的祂們就一直看顧著，一切都是回應當初被「抓乩」的起點。

傳統宮廟裡的不安因子

只是，說好了要開始訓練，各種關卡瓶頸開始用形形色色的樣子浮現，卻苦於沒有一位具有經驗、正知見或智慧的前輩指導，就算是一聲提點、協助都沒有。唯有打坐的時間到了，會有人看顧而已，餘下的就只能從過去的修行經驗、當下生活體悟或各種事件、機緣，尋求突破。

先入為主的觀念、刻板印象這類問題經常出現，原以為可以安心修行的我，身處全是長輩的組織裡，這些長輩又都是看著我長大、總覺得對我有一定的了解，除了關心，更多的是「指點」，不只是修行上的表現，連同工作、生活的種種都要受大家檢視。我可以理解，因為這間宮廟在世代傳承上有斷層，所以長輩對於年輕新血有過度的渴望與期盼，但我突然冒出頭，而且按照著自己的方式修行，對於長輩來說無疑是個不安因子，加上過往發生過人員自立門戶的經驗，進而讓他們對於我的出現與狀態，充滿著複雜情緒。

而在我這個小輩冒出頭之前，廟內過往十數年都是由一位「姨嬤」做為媽祖的代言人，猶記得小學時期，這位姨嬤便已經是乩身，每逢南下祖廟進香，都能見到廟內的天上三聖母（三媽）降駕在姨嬤的身上，主持進香行程中幾個重要儀式，例如：起馬、安營、收營、刈火等，若有空閒也會為香客祭改，早期甚至有在為媽祖服務，固定時間辦事，後來因故沒有再進行此事，廟裡的香客也漸漸流失。

儘管大多時候，為表示行政中立，姨嬤都不開口、不參與，可在我打坐的前後，她見狀偶爾還是會提點幾句，或許是出自好意，希望有人承接她的衣缽，有時卻跟我的經驗與感受相反，為此需要不斷學習溝通、討論及求證。

除了姨嬤這類神職人員的意見，其他人同樣對於我的心態有諸多揣測，或者對於我的人生有意見，**旁人紛雜的言行舉止令人煩悶，但我還是我，只需要做好自己角色的事情即可，修行的進度雖是前進不多，至少仍在前行。**

開始為人解決疑難雜症

這段期間，我的同學和同輩朋友們，隨著年紀增長、職場年資增加，都紛紛遇上難以解決的問題，不同於學生時期「過了就算了」的想法，顧慮著家庭、伴侶、生活等責任，他們竟都鼓起勇氣，開始帶著特定需求到廟裡拜拜或直接求助，不再像小時候對於拜拜總是意興闌珊。

最頻繁的是就屬姻緣一事，經常聽到朋友感嘆職場難以遇到好對象，請託我帶著他們到月老前參拜祝禱，以利尋求好對象；再來就是事業，謀職、小人、投資、轉換跑道等，這些事成為最常見的問題，在這時代要掙口飯吃是越發不容易；接著才是健康，健康不單單是為自己，更多是為了家人，大家漸漸要擔負起家庭責任，無論父母、祖父母還是兒女，都是擔憂的對象。

其他諸如收驚、收妖的案件，同樣不在少數，甚至有些驚心動魄，其中一起信眾失蹤的案件中，報警之後仍無所獲，請示神明發現是魔神仔作祟時，連我都對其忌憚恐懼，好在神威顯赫之下，圓滿落幕。

在一連串為人解決疑難雜症、安定身心、給予信心的努力經營下，宮廟中漸漸因為我的同輩出現，有了年輕的活力。這樣的變化，正常來說應是以歡喜心看待年輕人的加入，可對於守了四十年宮廟的長輩來說，他們的內心正在產生化學變化。

勇敢放下光環，學習平凡

宮廟的長輩組成來自各行各業，堅守了這間宮廟四十年，然而近年人員來來去去，究竟為何留不住人？這得歸咎於複雜的職場環境，以及長輩對於過往榮光的眷戀。

在香火鼎盛的年代，曾因靈驗事蹟而輝煌一時，當年更是捐出了一輛救護車，來為社會盡心力。這樣的榮景，讓他們享受過名氣，卻也因此自大，**而忘記了民俗是跟著社會、生活變動，忘記了自己得跟著時代前進、進步**，甚至耽溺於鎂光燈焦點。

我的出頭與逐漸增加的支持者，讓長輩逐漸感覺到該交棒了，可無論是打坐、辦事或討論廟務時，話語權始終輪不到中生代與新生代身上，對於他們來說，我們還是上不了檯面，尤其我的修行背景和擔任乩身一事，更是他們的疑慮之一。

我的修行根基，來自於花蓮那段靈修時期打下的基礎，所以在長輩沒有給予資源的狀態下，依仗的是這些經驗，再加上佛門、當廟公的種種歷練，我認為我至少能自保，不至於出了岔子。但對於長輩來說，名為靈修的法門是他們所藐視的，這樣的模式並不符合他們的期待，當我以佛門道理應對時，得到的回答往往是「這裡是道教宮廟，不適用佛理」，可我們屬於民間信仰中的宮廟，早就雜揉了佛教、道教的神祇與內容。

接著，他們認為我的修行進程太快，一旦我處在降駕狀態，會出現各種對於該尊神明的無禮舉動，說我的能力、思想上不夠格，不足以承擔現狀，或是我降駕的狀況不真、不像、不是神……他們透過各種若有似無的方式去抑制我的狀態。神明見狀並不會認真看待這些事，個人造業個人擔，今天祂們只把該交代的東西交代完畢，剩下的有緣者得。

隨著因我而來的香客增加，做為乩身前輩的姨嬤其實倍感壓力，雖然說要把身上的擔子交出去，卻只有偶爾關心身為後輩的我，更多的是打擊或者給予壓力的話語，指責說我的腳步不對、心態如何、打坐應當怎樣，並且多次在降駕的狀態中詢問，我的心是否有在這間宮廟？我始終表示，既然我人在這裡又何需多言，固定週期的訓練要投入多少時間、體力、金錢，如果我沒有心，又何必消耗這些成本。連三年被姨嬤問著同樣的問題，我才終於了解到，問題出在我搶走她的鎂光燈了！

受到這樣的對待，已經不適合再委屈自己。一次辦事機會中，菁埔夫人特別請朱府千歲相助，表明一切都為私欲、人心所變，當人為所需，才有如此遭遇。兩位代天巡狩大神，見我這不成材的弟子之苦，決定將我保下。但這保下之後，我就不再是乩身，至少一年內都不能行使相關動作，最好是直接將過去所有學習的內容都忘記，當作什麼都沒有，無論什麼就也都放下了！

如果我未來對於修行、乩身仍有堅持，那也要等到一年的約定後，視情況提出討論，**首要之事是放下一切，回歸最根本的狀態——麻瓜**，其他的就是「個人造業，個人擔」。少了打坐的必要，我也漸漸越來越少過去那間宮廟。

為了成為一個實在的修行人，我努力讓自己擁有強大的身心靈，一路走來承受了不少質疑與貶抑。隨著修行的進展，更是動搖了長輩的光環與地位，他們為了鞏固聲勢，自然少不了許多動作來確保不受威脅。雖說「因忍得以披如來衣」，但長期一直處於不被支持的狀態，我早就是體無完膚，更覺得「人比鬼可怕」。

不再為人通靈問事、打坐修行的我，經過了一段很長的陣痛期，一直煩惱著該如何繼續替人解難改疑。**可是學習淡薄一切、褪去光環，這也是我的功課之一，起碼先退出充滿是非的暴風圈，當好一個平凡人，從零學起。**

學會平凡，也是一種「修行」。

廟公解惑籤

◆ 第十首 ◆

旁人紛雜的言行舉止雖令人煩悶，
但你是你，只需要做好自己的角色，
至少你仍在前行中。

大吉

宜做自己

第 2 章

心繫眾生，雲遊四海

11 走出體制外，為眾生擺渡

當我接到必須變回麻瓜的指示，內心掙扎萬分，無法馬上接受，畢竟要捨棄累積多年的內容，等於割捨過去所有的投入，我是萬般的放不下。

但眼前是我一直信奉、為我著想、且特別要將我保下的神明們，我沒有不相信祂們的理由。於是，我一口答應了這個人與神的約定：一年內不得行使任何通靈行為，不可升起任何妄想，捨棄過往的靈修學習，學著當回平凡人。

雖然答應了這件事，也明確知道這一切都是出自保護我，心裡仍感到莫大的打擊，我要如何從習慣的模式中跳脫？接下來該如何自處？一時之間，我反而陷入了徬徨。

劇變，為人生解放更多可能

《舊唐書》中寫道：「禍福相倚，吉凶同域，唯人所召，安不可思。」一切變化好似晴天霹靂般劇變，**殊不知正因為劇變，反而能為處在凝滯、膠著狀態的我，解放所有可能**。

捨棄一切，意謂不用再繼續到廟裡打坐，不再進行任何辦事的行為，連為別人收驚的簡單事項都包含，代表著我不用再為了「修行」而約束作息，可以不用顧慮打坐的時間而推掉我的約會；不用為了專程到廟內打坐，把生活綁在台北，放棄外地的工作機會；不用再勉強自己吞下長輩無禮的話語跟意見……現在只需要維持好自己的身心，就是做好自己。

意識到這些事情的我瞬間喜出望外，這又是一次探索自我、追求自我的機會，而且最少有一年的時間，我可以挑戰各種宗教以外我想嘗試的事物。

不用再被辦事、收驚、信徒、長輩等各種人事物綁在一個地方，正是時機去實踐我離開全職廟公角色時心心念念的「跨出門檻」，我要出去雲遊四海、普度眾生，用行跡無定的方式任意遨遊，去遇到平常生活圈遇不到的人，拓展我因生活模式固定而變得狹隘的同溫層；去遇到那些不可能會進廟裡的人，**即便無法通靈，我還是擁有我的學識、歷練、智慧，能用我的心去幫助對方不安的心。誰說普度眾生的方式只有那些呢？「應以何身得度者，即限何身而為說法」，這個道理可不能忘記。**就用這一年開啟我的翻轉人生吧！

在這個「類轉職」的時候，想到我曾羨慕過不少朋友在國內外打工換宿，或許我也可以把握這個階段試試，便隨即連絡在台南學甲提供換宿的朋友，直接敲定了離職後去那裡換宿一個月。人生改變的第一站，就決定是學甲了。

不在廟裡的廟公

換宿單位是我在教育部青年發展署辦理「青年社區參與行動」的場合中認識的組織，他們做著活化老厝、探索農村、探索自我的工作，並結合體驗式教育等內容，喚起人們對環境的感知、對腳下土地的連結。

我會跟他們有所交流，是因為學甲大廟，每年主祀神明保生大帝聖誕之前，都會舉辦「上白礁」的活動，我為了體驗這項祭典來到這裡。「上白礁」每逢四年週期，就會擴大為三天遶境的「學甲香」，是文化部登錄的國家重要民俗，我們便是基於保生大帝的緣分熟識。我選擇到有神明可以依靠的地方，減少對新地方的陌生感，甚至會因為祂們的屹立，在心中泛起熟悉的感覺。

待在學甲的日子不長，變化卻是很多，例如：第一次體驗到繩索攀樹，跟朋友一起到外地修樹，帶小孩子體驗農村生活、體驗農事，到國小進行二十四節氣教學，辦理各類活動等，其中最重要的就是協助了大廟導覽。原先我只是從旁協助的角色，隨著內容從廟史與保生大帝的故事，移轉到整個廟體內外，過往當過廟務和廟公的我，就在此時順勢登場。

我從過往蓋廟的經驗中提取知識，跟參與導覽的人員說明，從牌樓一直到廟裡大大小小的事物，其中的象徵意涵與歷史地位。**儘管我是一個外地人，可我就是一個只要有廟，或者只要大家有信仰，我就能為大家服務，隨時做為「廟公」存在的角色**。

因為這樣誤打誤撞的協助，我短時間內對學甲及周邊地區也認識不少，經常被認作在地人，同時讓我誤打誤撞接觸到地方創生、文化圈，間接奠基未來在文化領域工作的機會。

如此下定決心出外闖蕩，除了對未來生涯帶來幫助，似乎也注定要繼續執行自己的使命——剛到學甲那時，我心中便泛起一股感覺，自己來到這裡一定有些事要做，但總是沒有什麼明確的示意，走進廟裡擲筊詢問保生大帝，都只得到「等待」的回答。

直到有天，朋友要去高雄上課，本來我要同行，卻因故不成行，我特地向他說了「路上小心」，對方便出門了。那天剛好是學甲夜市營業的日子，我選擇去夜市吃晚餐，吃到一半接到緊急來電，原來是要去高雄的他在高速公路上出了車禍，慶幸沒有嚴重受傷。遠端協助完相關事宜的我，立刻衝去請示保生大帝。

急急奔進廟裡的我，點起清香祝禱，稟明究竟發生何事，詢問我是否需要出手協助其他事項，或者我應該做些什麼？保生大帝的筊示表明，一直以來等待不到的感覺，就是這個事件後，會有幫助對方的契機，這也是我變回麻瓜後，如何繼續度人的一種試煉與機緣。

在車禍相關的各種事宜都告一段落後，朋友主動問說可否帶他去拜拜，這就是那個「契機」。順著這個機會，我仔細帶著他在各殿參拜，這是我在做了大廟導覽後，難得可以安靜且自在地參拜，把時間留給他與神明們好好對話。**跟神明對話的**

過程，其實就是在整理自己，與自己對話。

最後，我按照保生大帝的指示，將祂交代的內容完整轉達給朋友，完成保生大帝交辦的事情，我又自己作主帶他去了不遠的北門散心，**把他從為了生計與在地努力的緊繃感中拉出來，好好舒緩他那過度壓抑的身心，看他整個人放鬆不少，我的任務才宣告完成**。同時，打工換宿的一個月即將結束，這雲遊四海、普度眾生的旅程要往下一站前進。

走到哪，就修行到哪

人生如同火車一樣不停進站、離站，不會多駐留，時刻一到便繼續往前。待在學甲打工換宿的一個月很快結束，接著我動身回到南投名間，處理週年堂慶法會，坐鎮現場處理機動工作，也拿起麥克風協助主持、廣播事宜，既然承諾過會回來，我便會乘著機緣回來。

法會一結束，我又分別前往花蓮，擔任系上畢業專題的客座評審，並參與系上的週年慶祝活動，短暫停留一個禮拜，順道關心那些熟悉的老師、朋友。見到大家都無礙的我，想到是該回家一趟了，就這樣在台北小憩幾天，再動身出發去下一個地方。**從打工換宿開始，我的腳步似乎不曾停過，每隔一段時間身邊就會出現不同事件，各個事件之間相互牽引，促使我決定下一個駐足的地方**，如此蹤跡不定的模式，想要與我見面的人，也無從預約，一切都靠緣分。

對於許多人來說，可能會想在這樣的生活模式下，要如何工作維生呢？**但工作反而成為我駐足外地的另一種方式**。

後來的日子裡，我進入佛教團體擔任活動推廣，負責辦理講座、安排街頭藝人演出、拜訪里長等業務，這份工作需要跟外界民眾密切接觸；同時基於我過往田調訪談的經驗，在拜訪里長的業務中，能承接各種面向的看法，消化完之後以自己的方式，消除對方抱持的偏見，因此接連讓好幾位里長親自帶團來山上聽講座，達成前無古人、後無來者的紀錄。

相較於多數人期待工作長久而穩定，**我則隨著狀態的變換，工作跟著更換**，因為即使變回麻瓜了，還是有芸芸眾生在等待冥冥之中的安排。接著，我又在北投、桃園、台東等地工作過一陣子，執行自己熟悉的宗教工作，或者投入需要熱情的文化工作，不過不管走到哪，工作內容永遠與「祂們」息息相關。

這些日子下來，連同田調，我踩遍台灣許多鄉鎮，遇到了許多緣分，甚至認識的人多到為了見面，累計騎車環島四次。後來，大家已經分不清我人在哪裡，做什麼工作，**只知道我人在雲遊四海，做著普度眾生的事**。

面對不停變動的自己，不少人都擔憂我的生計或生涯規劃，因為屢次轉換職業，加上總是在四處雲遊，往往給人一股遊手好閒的感覺，每份工作之間看起來又無所相關，著實讓身邊人們費心了。

不過，看似無所相關的工作，至少都因神明串連起來，又讓我擁有許多技能傍身，養成願意承擔大任的人格特質。在各個專業領域遇上前輩，或者田調現場發現藏身民間的高手，乃至雲遊路上廣結善緣的貴人，都使自己倍感三生有幸，在每個需要的時刻幫上一把，無論職場或雲遊的種種，都是自己的善緣、人脈。

回歸現實層面，**我能維持自己的財務健康，並且時常在雲遊路上助人，代表我把自己照顧得很好，擁有餘力照顧他人**；就算工作上的業務內容是越來越難，我依然想做為給人安心的角色，這就是我的進步與動力。

「雲遊四海，普度眾生」說起來好似自己很了不起，可這一路都是神明照亮前方的路，是眾生在度我，為我磨練。修行的路上，除了個人的內在探索，與他人的互動也是形塑自我的重要環節，而能勇敢踏出雲遊的步伐，有幾個個案給予了我重要影響。這些案例除了讓我學習與鬼神的相處之道、驗證自己的能力，同時陪伴我不同的人生角色：廟公、乩身，乃至雲遊，讓我的定位更加明確。

接下來收錄的這些故事，不只是描述我個人的心境轉變，同時也在每次與眾生的交會中深化。透過接觸他人的困境，試圖解決問題，讓修行踏入現實，因為它們不僅是靈異事件或神祕經驗，更是生命歷程的映照。

廟公解惑籤

◆ 第十一首 ◆

跟神明對話的過程，
其實就是在整理自己，
與自己對話。

中吉

宜對話

12 個案一：魔神仔與恐懼

台灣有個非常知名的都市傳說——「紅衣小女孩」，源自於民眾在山區郊遊，用V8錄影機錄下一段影片，接著投稿到電視台的靈異節目，公開播送。影片中可以見到在整個出遊隊伍的後頭，有個全身穿著紅衣的小女孩，面容略顯陰森，而同行的其中一人在出遊後不久病死，種種疑點在一九九八年的台灣社會造成極大回響，人們紛紛討論著這位「紅衣小女孩」的身分，究竟是魑魅魍魎、山精鬼魅、魔神仔，還是單純是活生生的遊客呢？

這樣曾經令社會沸沸揚揚的話題，成為驚悚電影的好題材，二〇一五年，台灣上映了改編自這起都市傳說的同名電影《紅衣小女孩》，故事描述奶奶失蹤後，家人發現在一段出遊影片中，奶奶的身後有個詭異身影……劇情正是從當年那個靈異V8影片延伸而來。後來，電影又出了續作《紅衣小女孩2》，劇情中同樣有角色跟著身穿紅衣、樣貌詭異的小女孩行動，進而失蹤，引發一連串的後續劇情，且與前作有所連動，帶有濃厚的民俗色彩。

而我所碰到一起案件，剛好與這起都市傳說及電影十分密切……

緊急尋人任務

那是我還在邊修行、邊當廟務的時候。好不容易結束一整天繁雜的工作，從茫茫車陣回到家中，疲憊的我只想趕快吃飯，一進門卻聽見父親急忙催促我幫忙找人，準備拿起碗筷前，換阿嬤也來請求我找人。剛下班不想思考的我，只有直覺反應：「找人去找警察，找我幹麼！」語畢，我就往餐桌去吃晚餐了。吃飯的過程中，又換弟弟來請我幫忙找人，我想著到底為什麼這麼慎重，不是報案了嗎？

一邊思考，一邊吃著晚餐，卻是越吃越食不下嚥，甚至有種快要反胃的感覺，只得草草完成晚餐，並詢問到底是發生什麼事情。原來，阿嬤的朋友，夫妻兩人一同去餐廳用餐，用餐結束後，各自去上了廁所，等到妻子走出廁所，發現丈夫就這麼不見了！報警了仍尚未有結果，只能來祈求神明幫忙，希望透過神明的力量早日尋回丈夫。

聽完來龍去脈的我，立刻焚香祝禱，秉告天地四方，願四方神靈能給予這起案件的任何消息。只過了片刻，便頓感有大神傳來神諭，原來是閻羅天子（閻羅王）有意指點，經過請示後，得知此事乃陰邪作祟。聽到「陰邪」二字，我自己先嚇個半死，**立刻意會到「陰邪」就是所謂的「魔神仔」**！

事發前一天，我才看完電影《紅衣小女孩2》，除了失蹤的情節吻合，電影裡的男主角做為虎爺的乩身，為了拯救失蹤的人勇闖魔神仔的大本營，在保護這些人的過程中受傷，雖然是電影情節，但看到連這樣一個虎爺乩身都傷痕累累，更何況我是個沒什麼經驗的無名小輩。眼前面對的是不曾碰過的未知數，恐懼感油然而生，到底會經歷怎麼樣的過程，是否會如同電影那般受到攻擊？我不禁心驚膽顫！

即使內心再怎麼忐忑不安，都得收斂心神，按照閻羅天子給出的指示行事。祂交代了此事需要的金紙種類及數量，出於事件人命關天、十萬火急，需要用到大量的金紙，所以得另外準備。在進行前置作業的期間，祂繼續說明事件的危急與迫切性，需要請出土地公、龍神、天兵天將等，請祂們協助尋找當事人並且給予保護，剩下的就是看祂們這些大神如何動作。

隨著指示越來越多，可是人的下落遲遲沒有任何消息時，阿嬤是越來越著急，我們於是說：「沒消息就是好消息，更何況還需要保護，代表人一定好好的！剩下就是我們好好配合諸位大神行事便是。」阿嬤才收起焦急的心，一同協助。

所有的前置作業就緒後，我立刻手持清香，奉請福德正神協助，祂指示以五炷清香、七支刈金、八支福金、甲馬，調動五方兵將、土地龍神，從失蹤處為起點往五方尋查，並在魔神仔的狀況尚未明朗之前守護對方，以免成為魔神仔拿來威脅的籌碼。光是調動兵馬的程序就使用了不少時間與金紙，一旁的阿嬤見狀又心急了起來，心想到底是怎樣的情形，才會見到這樣的場面。

阿嬤不安的心始終懸在那邊，神通廣大的祂們不是沒有發現，所以派來最活潑的中壇元帥——三太子降駕要來緩解氣氛。按照辦事的邏輯，應該是認為身為孩子形象、腳踏風火輪的祂，擁有最高的行動能力，能夠早早找出下落。可是阿嬤一見到三太子，想法就歪樓了，竟然開口就問有沒有「號碼」，這種禁忌的問題，真虧阿嬤能放在開口的第一順位。卻也可見祂們掌握信徒情緒的功夫一流，三太子知道阿嬤放鬆了下來，就準備繼續辦理這起案件。怎料，一旁的阿公也跳了出來，對著三太子說自己的腳不舒服，一邊說一邊還把腳抬高，一番來回後，阿公跟阿嬤都恢復心情，退至一旁。

看到場面突然「超展開」，我瞬間意識到三太子是緩解氣氛的第一把交椅，能夠在一片緊張又時間緊迫的狀態下，用三言兩語轉換大家的心情。撫慰完大家的情緒，三太子立刻將大權交給玄天上帝，讓其正式出馬處理「魔神仔」，於是馬上就換玄天上帝接著降駕。

靈血與紅線

玄天上帝一來便道：「尋無！」接連幾聲「尋無」，讓大家不由得又心生緊張，只是這一句句「尋無」指的是「魔神仔」，而非失蹤的阿公。之所以遍尋不著魔神仔的蹤跡，是因為魔神仔有所修行，在自己躲藏的山林中設立了結界，玄天上帝指示如果想要破除結界，必須以「靈血」配上一條「紅線」才能施行。

事情發展如此，我的內心又默默升起恐懼——「結界」！那不就跟電影情節一樣，其中一幕正是「破結界」的劇情，這個環節深深加重我的不安。尤其「紅線」還好理解也方便取得，麻煩的是這個「靈血」，代表的是做為乩身的我，且要是肉身純淨無染之血。

於是，玄天上帝在眾人還未釐清頭緒之際，直接舉手作勢要咬破指頭，如同林正英系列電影那般，颯爽地咬破手指頭取血！我的內心在吶喊：「這是我的手指頭啊！一旦咬破，那個傷口是很難好的……」就在咬下指頭、要破未破之際，父親才在一旁詢問是否可以針戳取血，就這樣得到玄天上帝同意後，父親拿起縫衣針往指頭上戳下第一針，沒有變化！再來第二針，還是沒血！第三針往指頭深處刺了進去，再用力擠，終於取得了「靈血」。

所需材料全備齊後，玄天上帝便往門外前去。只見玄天上帝，一手持香、一手掐起手印，對著虛空比劃一番，再將靈血、紅線、金紙投入金爐之中，繼續施行法術。此時，玄天上帝忽然大喊一聲：「破！」我的腦袋馬上有股玻璃碎裂感，並顯現山林的形象，「結界」就此應聲而破，於此同時，阿嬤隨即接到朋友的電話說：「丈夫找到了！」

打破結界，找回失蹤的阿公，可魔神仔還沒解決掉。玄天上帝接著大聲喝斥：「修行可以，害人不行！」又是一陣手持清香，對著虛空比劃一番，最後我們在一陣手忙腳亂之中，結束了這件事。後續的細節則交由閻羅天子處理，讓一切秩序回歸平常，到這裡才算是圓滿。回過神來的我，只發現我的手指頭有好幾種疼痛的感覺，大家才又把剛才所有的故事講了一遍給我聽。

因為恐懼，更能同理人心

聽完整個過程，內心餘悸猶存。這件事能圓滿真的好不容易，它比過往任何一起案件都還令我心驚膽跳，過往每件事的當事人都能完好地站在面前求助，這次是整個人直接失蹤，對立面又是未知且棘手的存在，每個元素相加在一起，變得更可怕了。

還記得當事情結束後，心情一放鬆下來，我的眼睛成了止不住的水龍頭。因為我的內心是真的很害怕，人找不回來怎麼辦？跟魔神仔對抗輸了又會發生什麼事？在整個辦事過程中，內心有無限的思考。還記得常有人問我：「處理那麼多事情，會不會怕？」現在，我用這個實例回答：「我很怕！還是非常害怕！」並不是有神明當靠山，就「啥物攏毋驚」（什麼都不怕）！

再怎麼神通廣大，那些能力都不屬於我，我終究只是一介凡人，所以面對這些鬼怪精魅，我的情緒會波動，我的內心會恐懼，這是我還是凡人的證明，也是因為

我懂得這些喜、怒、哀、樂、愛、惡、懼，而能理解每個信徒的心理。

儘管內心掀起無限波瀾，最清楚我內心變化的祂們，確實是我最大的靠山，會給予十足的勇氣及力量，讓我能安心為祂們做事，**只要我能遵守戒律，那些戒律就能成為我最好的庇護**。剩下的只要全心相信祂們，因為祂們真的很罩！

廟公解惑籤

◆ 第十二首 ◆

情緒會波動，內心會恐懼，
這是凡人的證明，
也是因爲懂得這些喜怒哀樂愛惡懼，
而能理解他人的心。

小吉

宜正視情緒

13 個案二：黑狗精、狐狸精

你看過《戲說台灣》、《台灣奇案》這些戲劇嗎？撇除過於誇張或刻意挑動觀眾情緒的內容，這類戲劇的劇情多是採集和改編民間傳說、地方故事或社會案件，其中不乏加入鬼神元素，增添玄幻離奇的氛圍。在每個單元中，能看到的神祇、妖精、鬼怪都不同，成為我童年記憶裡的一種樂趣；每次汲取不同的地方傳說，則成為認識台灣各地的一種方式；每個地方故事被編為戲劇，也成為另一種記錄地方文史的方式。

《戲說台灣》是台灣最長壽的古裝電視劇，從二〇〇二年改版開始，這麼多個年頭下來屹立不搖，培育了許多新演員，收集台灣的鄉野故事或民間傳奇。片頭開場及片尾結束的俗語、七言詩，是我學習台語的途徑之一，片尾的民俗專題更是我吸收台灣各地民俗、風情的知識庫。

更重要的是，這個節目將許多神明、妖精具象化，即使受限技術層面，無法以更豐富的樣子呈現，卻足夠在我腦海中烙印下記憶。對於這些鬼怪的印象，我以為只會停留在這裡，頂多擴及動漫裡的形象，不可能真實出現在生活中。可這次的案件，就一次來了兩個在台灣民間經常聽到的名字——「黑狗精」、「狐狸精」。

誤踩禁忌，招惹精怪

這個故事來自一個朋友發生的事情，他跟著團體前往金門和廈門參與活動，在活動期間誤闖了荒涼之地。

朋友跟隨團體行動，要從小三通前往廈門，進行交流活動。原先以為跟隨團體，不會有什麼意外插曲，但從轉述的內容中得知，他在入夜後，趁著空檔到外面走動，意外發現了軍營或廢墟等地，就這樣徑直踏入禁忌之地冒險，少不經事的他，跟許多案件的當事者一樣，不多加思考就這麼為自己引來風險。而且，無論在廈門或金門，只要他一找到機會，便跑去外頭探險。在陌生的地方，有什麼風俗民情、鄉野傳說，我們更是不清楚了，很容易不小心就踩到地方上的地雷或禁忌。

據說，在行程尚未結束之前，本來溫和乖順的朋友，經常做出異常的行為舉止，有時會誇張到令人感到不可思議，令同行的團員時不時捏冷汗。所有人回到台灣，過了一段時日後，我接到一通請求協助的電話，才知道發生了些事情。

原來，回到台灣後，他的異常行為並沒有消失，反而是變本加厲。我們印象中的他是溫和有禮的人，竟然開始騷擾當初同行的異性友人，脾氣也變得怪異，種種異常讓大家回想起他之前的行為，於是決定向我尋求協助，希望能找到原因。恰巧我們所有人都會到佛寺參與活動，我便趁著這個機會關心他，讓情況不會太刻意，彼此敲定好時間後，就是等待當下見機行事了。

時間來到見面那天，無論是想帶他去拜拜，或者做出任何要幫他收驚的動作，都會被他強烈抗拒。為此我心生一計，告知大家自己略懂醫術，可以幫大家把脈，如此一來我總算是順利接觸到本人了。只是為了探知對方實際的狀況，此時我已經有神靈護身，連說話的頻率都跟著改變，這樣一點點的風吹草動，馬上惹來對方的注意，怒問道：「你是誰？如果你不是楊庭俊，就吃我拳頭吧！」

我一聽，立刻收斂心神，清清喉嚨回答：「是我站在這裡，講話的當然是我，不然還能有誰呢！」

看他依然保持戒心，我便藉著把脈的樣子，開始點出對方最近的作息與身體狀況，比如日夜顛倒、肩頸痠痛、飲水不足等，總算是博取對方信任，同時我得知對方身上確實有精怪纏身的問題，這必須要帶到廟裡處理才行，只是過程又經歷了一番拉扯。

首先是佛寺的住持跑出來參一腳，開口就表示宮廟通常都不乾淨，經常會有無形眾生在附近徘迴．又詢問廟裡是否有辦事，如果有辦事，代表會留有更多無形眾生，要我們不要隨便去宮廟，接著說如果朋友真的有什麼狀況，拿水懺法會的水來潑兩下就好了。

我心想：師父，您太低估民間信仰的包容力了，我們是「哪個好用哪個拿來用」。假如您的水真那麼好用，我希望您能夠立即、馬上、趕緊，拿出來往他身上潑兩下，這樣我既落得輕鬆，又不會牴觸您。最後，終究只是說說而已，我們還是得勸說朋友跟著一起到廟裡進行處理。

朋友不停嚷嚷著自己跟誰有約要出遊，可實際上並沒有這些事，同時他想要自己開車出門，但他並沒有汽車駕照……一切怪異的舉動眾人都看在眼裡，紛紛加入勸說的行列。

為了將他順利引導到廟裡，我沿著前面把脈的內容繼續說服，告訴他要出去玩當然沒問題，可是首先得去廟裡跟神明祈求出遊平安，另外身體欠安的部分也要讓我在神明面前，為你親自診療過一番，等這些事都完成了，屆時你要去哪裡，我們都沒有意見。說到這個地步，他總算是答應，願意前往廟裡拜拜。

來到廟裡，先請所有人燒香參拜，這是一種禮貌，也是在這個過程緩和大家的情緒，讓大家在跟神明對話的時候，好好跟自己對話，檢視自己需要整理的地方。待所有人都參拜完後，我請朋友站在神明面前，準備要幫他斷開與「歹物仔」（壞東西）的連結，只是到這個時候，他依然保持高度警戒，我只得延續前面身體健康的內容，作勢要幫他清除身體不適，實則在處理那些「看不見」的事物。就在一邊清理的時候，我看向廟門的門檻前，蹲伏著兩隻動物的黑影，分別是黑狗與狐狸的形象。

原來性情暴躁是黑狗精所導致，而個性變得外放、騷擾異性則是受到狐狸精的影響。這兩個之所以會附著於朋友身上，出自於當時去廈門、金門時，分別誤闖祂們的領地，破壞了祂們的修行，於是決定跟在他身上，蠶食他的精氣，以彌補被打擾所受的影響。

現在透過神明介入，斷開兩方的連結，請黑狗精與狐狸精自行選擇留下來修行，或是以不打擾凡人為前提，回到原來的地方繼續修行；朋友流失的精氣就得請他自己練習靜坐，慢慢修補回來。整個過程中，我深怕同行的其他人會因為未知數而受影響，就請大家都躲在角落以免任何意外，直到結束才讓大家出來，慶幸一切圓滿，沒有任何變數發生。

最難解的往往是人心

除了要照顧這些非科學層面，更需要照顧「人」的感受，這起事件最著急的人是他的媽媽。這陣子以來的變化令媽媽食不下嚥、憂心忡忡，承擔了許多的壓力。處理完事情後，趁著所有人在外頭燒金紙，我將媽媽請進來，站在玄天上帝的面前，讓她將近期所有的感受一一說出來，一邊傳遞玄天上帝的話語，內容旨在安慰媽媽的辛苦，並引導她的委屈、不滿等情緒，以及對於丈夫、小孩的在乎甚至指控。

隨著話語一字一句吐出，她的眼淚隨之落下，**在傳統家庭裡，妻子、媳婦、母親的多重角色，經常將自己壓到喘不過氣來，為了大局著想，為了家庭和睦，常常讓自己委曲求全**。長期下來，說話變得沒有分量，最後難以引起大家的注意，在丈夫忙著工作，小孩投入自己的社交圈時，媽媽只剩一分落寞。

玄天上帝希望趁這個機會，媽媽能夠重新調整自己與家庭間的狀態，**有時候禍福相倚，重新凝聚家庭的感情連結，自己也能從傳統家庭的束縛裡走出來**。臨走前，媽媽拿了一包紅包要塞給我，我只有告訴她，這些財物不是我能收受的，一則是捐作香油錢感謝祂們，不然就是留在身邊規劃自己的生活，剩下的拿去做公益，有利於眾生也有利於自己。

時間過了約略半年，手機忽然顯示朋友媽媽的來電，這通電話是為了感謝我半年前處理黑狗精、狐狸精的事。此外，她提及這件事引發了我朋友的躁鬱症，可感謝玄天上帝的引導，她才能關心到小孩的變化，這一切都在冥冥之中有所安排。家庭關係需要花費力氣、時間改變，無法一蹴可幾，這一切就讓他們慢慢消化吧。

辦理各式案件中，**最難解的往往不是什麼山精鬼魅，而是「人」**，尤其涉及原生家庭的時候，需要回溯過往數十年的時光，家庭的人、事、物在自己身上的種種作用。俗話說「清官難斷家務事」，**神明在這樣的事件中只能扮演引導的角色，透過偶發事件，來居中引導大家的思緒、情緒，其餘的要回歸自身來努力，但天助自助者，總會撥雲見日的**。

至於要如何避免招惹到黑狗精、狐狸精?記得凡事明哲保身,尊重各地風俗民情,不隨意探險,不出言不遜,相信一切都會平安的。**畢竟天地循環自有定數,不去任意冒犯他人,風險自然就能降到最低**。

廟公解惑籤

◆ 第十三首 ◆

有時候禍福相倚，
重新凝聚家庭的感情連結，
你也能從傳統家庭的束縛裡走出來。

中吉

宜凝聚感情

14 個案三：石獅精

當你在路邊看到喜歡的東西，會隨意撿回家嗎？尤其是一些有形象的物品，諸如娃娃、木偶、塑像等製品。在民俗上，有的長輩會忌諱玩偶、公仔、雕像等有具體形象的物件，認為不好的能量或鬼魂會附著在這些形體上，為主人招來不幸。其他常見的傳聞還有每逢農曆七月，一定要把紙娃娃、芭比娃娃這些玩具封箱，以免遭受攻擊。

台灣電影《鄭進一的鬼故事》以布袋戲偶為主題，結合鄉野傳說，故事內容有雕刻師將靈魂灌注在戲偶上，甚至出現戲偶吃人的場面，造成許多人有過害怕布袋戲偶的童年。在一些著名的國外電影《安娜貝爾》（*Annabelle*）、《鬼娃恰吉》（*Child's Play*）、《奪魂鋸》（*Saw*）、《鬼娃娃花子》中，更是不乏可怕人偶，一幕幕驚悚畫面，在大家的觀影經驗中留下深刻記憶，也讓大眾產生惡靈會附著於「偶像」的認知。

被遺棄的石獅像

我的學長雖然沒有收藏布袋戲偶、紙娃娃這類人型偶像，但他卻在路邊撿了一尊石獅子回家，惡夢從此開始。

某日，學長經過一家藝品店外，看到一尊孤零零的石獅子被遺棄在路邊，詢問了店家表示那尊石獅子是不要的，可以拾取回家，經過同意後就帶回收藏。把石獅帶回家後，學長的個性開始變得易怒，身體陸續出現狀況，先是長針眼許久未癒，又發生腸沾黏而住院，女友也在這個過程中跟他分手。

對於這一連串不幸的事情，相信科學又鐵齒的學長並沒有多加聯想，是室友與房東看不下去，建議學長是否找個宮廟收驚試試，「寧可信其有，不可信其無」，收個驚也不會損失什麼。他想起了曾經跟我一起去進香過，覺得我不是個會裝神弄鬼之人，所以想說姑且試試，或許能為這接連發生的問題找個出口。

學長傳訊息聯絡我時，起先還難以開口，只提到幾年前跟著我去進香，所以有問題想請教，隨著我慢慢引導，他才將近期發生的事情全盤托出。聽完故事，再抽絲剝繭，我追溯事件發生的時間點都在撿到石獅子之後，便可以確定石獅子是一個癥結點。只是為何本應守護宮殿、寺廟等地的靈獸，會變成帶來不祥的厄運源頭？這個疑問只能奉請大神為我們指點。

原來這尊石獅子之所以會演變成現今狀況有幾個要點：一個是祂並非成對，是單獨一尊；一個是祂被遺棄在路邊風吹日曬一段時間，不知道有什麼東西寄宿過。經過請示後，我確認其身上確實有東西附著，並且已經藉這個石獅像修練成精，學長偶然間與祂對上眼，成為祂覬覦吞噬的對象，造就了後續一連串的狀況。

不過這起事件並不棘手，只是首先要將石獅子送走，無論是送回藝品店，還是拿去當鋪典當都可以。再來是為學長進行收驚，安定被擾動的三魂七魄，接著斷開他與石獅精的連結，以防繼續受到無形的損害。最後，大神們會去收伏石獅精，避免牽連更多的人。總共三個環節，等一切條件備齊後，就可進行。

可能是神明覺得需要挑個好日子吧！好幾次學長跟我敲時間，怎麼樣也敲不成，彼此一直沒有共同的空檔，或者敲定了卻又臨時有事，需要送走的石獅子，則先後被藝品店及當鋪拒絕。過程中，我們雙方來回協調了好幾次，神明又給予了新的指示——需要將學長收為「契囝」。可到底是哪尊神明要收，又為何要收？祂們沒有給予我明確的內容，只說明需要準備的東西，再來就是等待，就會明白。

時間終於來到約定當天，學長一早就去準備要成為契囝的東西，同時因為石獅像沒有人要收，他決定去重新橋下的跳蚤市場碰碰運氣。在這裡總算是有人願意收這尊石獅像，且買家似乎懂得怎麼應對這類敏感的東西，不用多加擔心。

隨著學長買完神明交代的東西後，我們相約廟裡見面，在送走石獅像後，**要來為他「斷開魂結」**，**即斷開一切的牽連**。按照慣例，一手持清香，一手掐指訣，隨著神明的指示，在學長的身上、周遭進行相關動作，先為其安定三魂七魄，避免身心靈又跟著外在環境的變動受到影響，再仔細清除身上的負面能量，斷開種種和石獅精的牽連，讓學長回復到清淨的個體，整個儀式才算結束。

如此一來，這起事件只剩下神明收伏石獅精，我們可以直接進行另外一件事——收契囝。到底是哪尊神明要將學長收為契囝，到了這個當下我也尚不清楚，如今學長來到諸尊神明案前，請他親自稟報契囝一事，表示雙親與自己都願意成為神明的契囝，想請示與哪尊神明有緣。

一開始我以為會是玄天上帝前來做主，將學長收為契囝，畢竟在石獅像一事上一直都是由玄天上帝給予指示，豈料最後的答案竟是齊天大聖！沒想到學長對於這樣的結果並不感到意外，還感到一絲絲微妙。

學長說自己最常被叫的綽號就是「猴子」，從小到大都有人這麼叫過他，最近又剛好在研讀《般若波羅蜜多心經》，對於經文中的「無無明，亦無無明盡，乃至無老死，亦無老死盡」、「心無罣礙；無罣礙故，無有恐怖，遠離顛倒夢想，究竟涅槃」這兩個段落特別有感，今天這個緣分看來是注定好的！

完成了「收契」的儀式後，我提醒了他關於脾氣跟身體的問題，還在感受整個事件與儀式的學長，立刻被這兩點提醒嚇醒，馬上反省自己確實為了省錢沒有好好吃飯，脾氣也沒有很好。後續又告誡他要好好照顧身體，不然會被說是「瘦猴」，如果沒有好好靜心，整天跟個「猴齊天」一樣，又不務正業只會「變猴弄」（耍猴戲），同樣會被大聖爺修理的，既然在研讀《心經》，那就好好放在心上。

修行於心，不拘於形

待所有事情都完成，注意事項交代好後，學長向我提出了一個問題：他想要刺青。我說這是你的身體，你自己決定就好，你要為自己負責，如果你想要確認，跟你的義父——齊天大聖擲筊詢問也不是不可。學長毫不猶豫地去擲筊，齊天大聖果斷地給了他聖筊，不過我有預感地潑了他冷水，跟他說大概刺不成。這是因為他要刺青的內容正是《心經》上的「無罣礙故，無有恐怖」，祂們可是自有安排。

過了幾週，我收到了學長的訊息：「總覺得擁有一個信念，驅使我會持續一個行動。不過直到今天，我才想到要理解《心經》裡說的是什麼。我想到你說有人很會『修』，我就感覺我之前好像只是流於嘴巴上的念念，《心經》反而變成與自己無關的事物；想到要理解之後，發現經文想傳達的內容，對我這些日子以來的狀態很有幫助，每天念《心經》應該是要每天理解、每天實踐的意思；又想到要我刺青刺在胸口，也不是要我真的做，而是要我把《心經》念到心裡！所以我也不會真的去刺了！」

學長最終沒有刺青，經文對他潛移默化，**「口而誦，心而惟；朝於斯，夕於斯」，這朝夕誦念的經文，不用透過有形的刻劃，存在於肉體之上，而是透過自己的心念，烙印在靈魂之上**。「無上甚深微妙法，百千萬劫難遭遇，我今見聞得受持，願解如來真實義」，這些經文的奧妙之處，透過事件層層堆起，如今是心領神會碰觸到了。

原先學長還說父母聽到要刺青，皆表示不同意，所幸學長有領悟到經文真正的去處。為此，玄天上帝特別囑咐了幾句：**「修行於心，不拘於形。修身不修心，修經不修心，修行於無形，修行汝我心。」**

所謂的修行是謂何事？怎麼樣的形式、方法才是修行？修行修的目標又是什麼？他的終點又在何處？從《心經》開始，安定自己的心，何種型態都不是問題，重要的在於是否留在心上。如果唯獨在意這外在、表象的東西，「發心容易，恆心難」，一旦時間拉長，感覺疲乏，一切就會鬆懈下來。**時時刻刻都是修行，所到之處、所見之物都可以構成經文，體會世間一切帶來的感受，最後一切又回到自己的心上**，這就是學長得面對的功課。

看似突兀的各種案件，卻是把大家的生命往前推進的劇本，這樣自然就不會對這些「靈異」帶有恐懼。

故事的後來，玄天上帝將石獅精給收伏，讓其在玄天上帝座下好好修行，這對陰陽雙方來說無疑是件好事，人們不用擔心受到威脅，石獅精不用再待在風吹日曬雨淋中，進行未知的辛苦修練。

對於學長來說，他從一個鐵齒的人，轉變成有了信仰，不用再茫茫渺渺度日，碰上麻煩或心情掀起波瀾時，能研讀《心經》調適自己，調適不來時，還有齊天大聖當他的靠山，聽他吐露苦水。最終，他透過不斷練習，開始懂得感恩身邊的人，懂得真正的「無無明」、「心無罣礙」，從求助者的角色中漸漸安定自己，再慢慢地成為能安定他人的角色。

廟公解惑籤

◆ 第十四首 ◆

時時刻刻都是修行，
所到之處、所見之物都可以構成經文，
體會世間一切帶來的感受，
最後一切回到自己的心上。

大吉

宜體會

15 ─ 個案四：冤魂與功德

碰上了怪事、壞事，你會抱持什麼想法？是會覺得自己很幸運呢？還是會覺得怎麼會是我？撇除自己造孽去招惹來的事情，有時候我們會在無意間或因緣巧合下，像是命運的齒輪緊緊咬合推動一般，碰上一些難以解釋的事情，而且往往會因為事情帶來的負面影響，產生負面情緒，心裡想著「為什麼會是我」。

但是碰上這些事情，真的只是單純的壞事嗎？還是我們其實可以從別的角度看待，透過不同的處理方式和觀點去擺脫負面狀態，同時幫助那個與自己有著幾分因緣的對方解脫。一切究竟是命運的牽引，還是能透過思想上的「一念天堂，一念地獄」來改變？讓我們在實際推動命運的齒輪後，探究這些人生的波折，是只屬於你的機會，還是屬於你的誤會。

一張符令，積德的機緣

我的親朋好友裡，有人從事比較偏門的特種行業，這些職業的工作時間跟一般上班族不同，背後多少是由黑幫或相關背景人物經營、把持，出入來往的客人多是龍蛇混雜。新聞上也屢屢出現在這類場所，因財物、感情、地盤糾紛而起的衝突，影響地方治安，加深大眾對於這類工作的刻板印象。

雖然講到特種行業或俗稱的「八大」，多數人的第一印象便是聯想到色情、性產業、性工作者等，但所謂的特種行業係指「視聽歌唱業」、「理髮業」、「三溫暖業」、「舞廳業」、「舞場業」、「酒家業」、「酒吧業」及「特種咖啡茶室業」，這略分的八大行業。其相對需要注意的問題在於是否有違法經營、有無營業登記、逃漏稅、苛扣工資、營業場所安全等，否則從事這些行業的人，本身不偷不搶，靠著自身努力工作，並沒有什麼問題。

我的親友曾到離島從事這類工作，大家對於她的工作一直不多過問，只要她注意自身安全與健康即可，同行的還有她的伴侶，兩個人人生地不熟，至少可以互相照應。在離島工作期間住下的宿舍，梳妝台上留著一張符令，剛開始她並沒有多想，認為或許只是鎮宅平安所用，但隨著待在離島的時間拉長，她們開始好奇這張符令，甚至想要將它撕下，「好奇心會殺死貓」，就是這麼一個好奇的行為，令她們不得不回來台灣尋求協助。

不過是一個小動作，卻讓她們兩人食不下嚥、輾轉難眠，工作也受到影響，諸事不順，回到宿舍還時不時感覺房間內多了無形的第三人，整體健康、工作都呈負向發展，讓她們神經越顯衰弱，氣色不佳。趁著工作空檔回到台灣，就說要找我收驚，正巧我的時間允許，便安排了下來，想著趁早處理此事，也好讓她們早日恢復健康，畢竟她們還一起照顧了一個小孩，不能有什麼缺失。

其實兩人並沒有太多的問題，只需要收驚安定心神，調整這陣子以來打亂的氣息，以及許久未休息而導致緊繃的身體而已，於是我奉請家中天上聖母做主，來為兩人進行收驚，同時幫她們淨化磁場、調節身心。

在一邊收驚，一邊感受兩人的身體狀況時，我隱約感覺到這個肉身的深處，暗藏著一股不尋常的氣息，就像有一股綠色的毒霧附著在脊椎上一般。我出自關心，想避免這些東西是所謂的「歹物仔」所致，立即詢問了相關的飲食、作息、出入場所等資訊，在經過一連串抽絲剝繭的調查下，確認了是她們過去的荒唐歲月裡，使用過的「禁物」所致，體內累計的劑量不多，不至於對身體有明顯的作用，但依然是不能輕忽的隱憂，只能勸誡未來的日子裡不能再接觸相關「禁物」，也必須調養身體，**不然神仙難救無命客，自己不愛惜身體的時候，就算神醫再世都將束手無策**。

除了兩人的身心靈狀況，整個收驚過程中，還感覺到一股從冰冷深淵竄上的哀怨，夾帶著幾分忿忿不平的情緒，似乎要席捲整個空間，那種猛地襲來的狀態，彷彿有著諸多委屈與傷痛，想要一口氣傾洩而出。我接收到這強烈的異感，隨即請示了天上聖母究竟何意。

原來當初梳妝台上的符令，正是為了壓制怨氣所設，而怨氣的主人來自過去這間房間的主人，同樣是異鄉人來到此地，從事相同的工作，無奈紅顏薄命，遇到雇主對其起了色心，想要凌辱祂，祂在一陣抵死不從後意外身亡，一口怨氣就這麼留著。雇主害怕自己遭到報復，加上從事特種行業，篤信鬼神，深怕就此受到影響，於是這一縷冤魂就這麼被鎮壓在該房間裡。

聽聞事情的兩人，直問：「那為什麼會是我們？」我先問了她們平常是否有餘力行善積德，再問這起事件中是否有受到任何損失，對這兩個問題，兩人皆表示沒有，我才解釋說：

「換做其他人就不會有這個因緣，今天妳們的親友裡有人懂得陰陽、鬼神之事，所以對方能有機會藉著妳們得到解脫，這對妳倆而言是一個積德的機會。**所謂禍福相倚，妳們又有多久沒有好好照顧自己的身體？今天若不是這個機會，妳們不會去省視自己的身心狀態變得多糟糕，只覺得自己徘徊紅塵，渾渾噩噩度日**。那縷冤魂的事情，媽祖祂們自有主意，之後不用再被束縛在那個梳妝台，會前往祂該去之處。而妳們則該重視自己是否該繼續沉淪，如果不是祂的出現，妳們會記得回家嗎？記得這裡有著妳的親人，大家都在等妳回來。」

我的親友童年遭遇某些事件後，開始疏遠她的媽媽，變得有些厭男，在國中時了解了自己的性向。還記得我國中時，是她第一次把自己的同性伴侶帶給大家認識，其實我們這些小孩早就知曉她的性向，只是當年的社會風氣不如現今開放，更別說長輩的震驚程度，雖不到憤怒，可卻不完全能接受，後來她就這麼沒有了聯繫很多年，直到這起事件發生，才又回到這個家來。

這次，**大家都不再追究她到底愛誰，只要她安在便是福**。這麼多年來，我曾經問她是否有想過從事別的工作，她說她會的、能做的就這麼多了，至少她還沒有讓自己餓死街頭，我們知道她的童年承擔太多，造就了後來的她，我們能做的——

就是在這個家等她回來。

是福是禍，在自己的一念之間

無論輾轉了幾回，懂得回家就好，或許是心疼，關聖帝君趁此機會表示，願意收她為義女。收為義女並非要其將時間投入祭祀事務，或者奉獻心意，只是要告訴她：「從今以後，不是只有跟妳有血緣關係之人才是妳的親人，**肉身有限，在凡人顧及不到的眼界，要記得只要舉起頭，天空之上有這個神靠山，妳的義父時時刻刻皆關照著妳，神像所在的這個家，本來就是妳的家**。雖然妳早早就沒有父親陪伴，可今天起，妳將擁有另一種存在的父親，陪伴妳未來的日子，接下來請相信祂、相信自己，還有重新相信妳的家族，累了，就回來坐坐。」

當我再問起對方，妳還會在意為什麼是自己遇上這種事情嗎？她先是祝福那位不知名的祂，希望祂能好好地前往該去之處，接著感謝祂給予的這場機緣，否則不知道要花多久的時間跟多大的勇氣，才能再走回這個家。

大家從來沒有討厭過她，**自家的孩子，如果我們不去愛她，又要奢求誰能好好**

愛她？其實阿嬤也曾嚷嚷當初如果一直把她帶在身邊，沒有讓她跟著母親在外生活，她就不用吃這麼多苦，話語中滿是對小孩的疼惜，只是過往的教育或生活模式，讓我們不懂得怎麼表達關心還有愛。今天關聖帝君為了家庭的圓滿，成為這樣的突破口，用祂的方式關心、守護家族的所有人，是我們的最暖男神。

所以一件事的好壞，真如我們心中所想嗎？有時候，我們一旦陷入了埋怨的狀態，就會忽略了事件的前因後果，還有所有發展的可能性。之所以要先撇除掉自己造孽的開頭，是因為這一切都是因果自負，**「菩薩畏因，眾生畏果」，大家只畏懼事件帶來的後果，卻不知自己造作一切的源頭**。

每件事都是一個因緣，有時候被看上了，是因為我們擁有那個資源或能力來處理問題。只要提醒自己時時覺察自身、觀照己心，那麼不適的症狀就可以即時調整，在不慌不亂的情況下，自然可以釐清碰上了何事，或者找到合適的人事物來協助，自然萬事大吉，助人助己。切記，**遇上事情，最怕自己的心頭先亂了陣腳，就像生病怕的是病急亂投醫，冷靜沉著的應對就是幫助自己**。

陰陽本是不相干的兩條平行線，保持平衡地各自運作，緣起而衍生出後續發展，一切都隨緣自在，緣滅時又回歸平靜，**是福是禍，就在自己的一念之間**。

廟公解惑籤

◆ 第十五首 ◆

遇上事情，最怕心頭先亂了陣腳，
就像生病怕的是病急亂投醫，
冷靜沉著的應對，就是在幫助自己。

吉

宜冷靜

16 ─ 個案五：預知壽命

「死生有命，富貴在天。」這是出自《論語．顏淵》的一句話，說明我們無法控制生死、富貴，萬事皆由命注定，只得盡力為之；相似的還有《莊子．大宗師》中的：「死生，命也，其有夜旦之常，天也。人之有所不得與，皆物之情也。」揭示人的生死猶如日夜交替般平常，是單純的自然現象，人們無法干預這些事情，萬物皆順其自然變化。

佛教中則把「生、老、病、死」認為「苦」，這四項為世人皆無法迴避的生命過程，但「四苦」其實只是人們覺得自苦，而無法樂觀看待，在《世說新語》中寫道：「裴晉公不信術數。每語人曰——『雞豬魚蒜，逢著則喫；生老病死，時至則行。』」所謂生老病死，不過早晚，時間一到就隨因緣發展，人們需要的是樂觀面對。「生」對於多數人來說，多是代表著喜悅，「老」、「病」、「死」往往令人生起擔憂、煩惱，為此求神問卜者不在少數。

假設你的壽命被告知了一個明確的期限，你會抱著樂觀還是悲觀的心態？是否會積極安排剩餘的人生，甚至抱持要打破命運的想法努力呢？或者會選擇消極的態度，等待告別的時間來臨，甚至被死亡恐懼籠罩？

接到壽命訊息，說或不說？

出社會三年後的某天，離鄉到府城工作的同學聯繫上我，請託我帶著她到廟裡拜拜，剛好我有一天會在府城進行田野調查的工作，便安排了這個行程，我們相約在台南媽祖大廟，希望天上聖母能為同學想祈禱的事帶來光明。

當天在廟口，看見同學一臉憂心忡忡前來，不知到底所為何事，能讓樂觀的她陷入擔憂之中？按照慣例，要詢問神明任何事情之前，我帶著大家把主祀神、各殿神明都先參拜完，並稟報上自己的姓名、生日、地址、前來事由等，利用這個過程重整思緒，也提前告知神明稍後要請示的事項，以利神明派遣兵將，查詢事情的來龍去脈、因果業力。

準備跟天上聖母請示之前，我請同學將憂心之事跟我說明。這次會如此慎重地請求我協助，出自於她母親的健康，在發現母親生病之後，病情一直不太樂觀，更要緊的是病人本身沒有求生意志，讓為人子女的她十分頭痛，即使有親人的陪伴及醫護專業，依然沒有任何起色，才想藉著神明的力量，幫助母親找到積極治病的動力，讓病情得以扭轉。

聽完整個狀況，我領著同學到天上聖母的案前，再次稟明內心擔憂之事，祈求媽祖娘娘能夠保佑母親度過這場病痛，若有任何需要注意的地方，也請為信女指點一番，因不忍心看著母親受到病痛折磨，在此雙手持筊，祈請指示。**經過幾次來回擲筊後，一切盡人事，聽天命，配著從宮裡請回的平安符，做的不只是祈福，亦是安定那徬徨無措的心**。

經過這次拜拜祈福後，同學母親的狀況持平，我們就這麼保持斷斷續續的連絡。一年後，同學又特地請求我帶她去拜拜，我們便如同一年前那般相約台南，希望天上聖母一樣能為我們指引方向。不知怎麼地，同學比起前次更加慎重和憂愁，看她一臉愁容，我馬上先點香向列位尊神請安，再接著談論要解決的事情。

這次的目的依舊是為了母親而來，可這回母親已經住進安寧病房，雖沒有因為病情哀號或掙扎，但沒有求生意志的狀態，使她已經設想到說再見的時間。我們就坐在廟內一角，時不時穿插別的話題，避免激起她的情緒起伏，就在說到一半時，我的心頭微微震了一下，回想今天沒有吃任何可能引起心悸的食物，心想或許是祂們有什麼旨意要交代。

我們兩人來到案桌前，合掌禮拜後跪下，虔敬地拿起筊請示天上聖母，是否有意交代事項，得到了聖筊的答覆後，開始詢問相關事宜——首先是去年的那張符令可以更換，讓母親能安穩、舒服，再來是同學隻身一人來到府城工作，記得好好照顧自己的身心，盡人事後餘下的祂們會處理，反倒是越來越消瘦下去的妳，怎麼讓母親安心！

接著交代我把同學照顧好，無論是生理健康還是心理健康上，要給予基本的關心與照護，再結成金蘭，讓我能成為精神上的支柱，即便分隔兩地，有這個關係存在，就不用怕麻煩，因為能讓神明開這個口，代表著祂們的看顧及彼此的緣分，那凡事我當然義不容辭，只要在能力所及內，都會樂此不疲。隨後，祂又交代了關於病情方面的一些注意事項，待事情確認無虞後，彼此才安心地離開。

處理完同學的事情，與她成為金蘭的隔天，我陪著友人進行藥籤調查的工作，那一整天接連前往了數家宮廟，其中一站是台灣代天巡狩的信仰重鎮之一。就在準備前往的路上，我的腦袋如同洪水潰堤一般，猛地被灌入了「一個月」，清清楚楚的三個字訊息，我不加思索地認為指的正是昨天我們在大廟所問之事，正巧不遠處就是目的地，不如就向代天巡狩好好確認一番，以防是我自己日有所思導致。

走進廟內，看著神像端坐神龕內，似乎表示正在等著我，趕緊點香參拜，好向列位眾神確認訊息。緩緩擲出手中的筊，接連的三個聖筊，確定了「一個月」為真，其餘的我就不多問了，那只是徒增自己內心的壓力而已。

得知此事的我，立刻撥打電話給同學，我只問了是否做好準備，對方回答我，這種事怎麼也做不好準備的。**那「一個月」的訊息，我就深埋自己心中，只有告訴她把握時間跟母親多說些話，看有沒有需要幫忙完成的心願，或是家庭間有什麼想和解的事情**。神明那邊就讓我去幫忙，正好大甲媽祖遶境進香、白沙屯拱天宮往北港徒步進香都準備啟程，我會參與這些盛事，再幫她拿壓轎金*回來。其實我內心

*壓轎金為神明出巡時，若需停駕，會將轎子停駕在板凳上，板凳上會放置給神明的金紙，表示敬意。因壓轎金受神轎壓過，被視為有如同平安符的功效。

期許的是，要是每走一步可以換上一秒就好，但我並沒有說出口。

順其自然迎接生命每個狀態

隨著大甲媽起駕，我踏出為同學及其母親祈禱的步伐，**由衷祈願這踩下的每一步，都能化作一分力量**。也許是媽祖聽見了我的聲音，或是被同學的孝心感動，出發沒有很久，便拿到了好心人結緣的壓轎金，這讓要上班而無法參與全程的我，頓時鬆了一口氣，抓著上班的空檔，把壓轎金給寄了過去，等到週末放假，再趕回到媽祖的隊伍上。

這一年的大甲媽祖與白沙屯媽祖的時間只差一兩天，無法兩者兼具，只好在大甲媽的行程結束後，奔赴加入白沙屯媽祖的隊伍，如此兩邊都能參與到，用最大的心意與力氣來為其祈福，中途還接到電話，是同學為收到壓轎金一事特地致謝，表示母親這幾天睡得很安穩。

就在我完成所有進香行程，回到家中整理完行李，手機顯示同學的來電，看著來電，心裡早就有底，再看向日期，正好是一個月的時間。

接起電話，同學說著媽媽離世的消息，慶幸的是在母親闔眼前，兩人沒有遺憾地說完所有藏著的話。聽見微微的鼻音，知道她很努力整理了情緒，才撥出這通電話，我緩緩安慰著她，媽媽解脫了，要去沒有病痛的世界。她慢慢地打理好自己，開始問起關於後事的一些注意事項，堅強的她，明確地知道自己得做些什麼，還有很多事要傷腦筋，只是那模樣令人心疼。這時，我終於懂得為什麼，當初台南的天上聖母要我與她結成金蘭。

電話講到一半，我的情緒跟著波動了起來，因為這一個月來，我始終介懷「一個月」到底能否說出口，所有人的心裡能否承受，這預言又真會應驗嗎？種種考量在腦中盤踞。**最後的我選擇不說出口，只需要引導其沒有遺憾，保持關注即可**，接到這通電話後，更沒有說出口的必要。

電話持續進行中，我的眼淚因為感知到什麼，漸漸在眼眶裡打轉，這時，同學問起媽媽是否有想要轉達的話語，可我從沒替往生者傳遞過訊息，也不知這可行性如何，但沒多久，一股媽媽想關心孩子的感覺油然而生，嘴巴自動說出了母親叨念小孩的內容，要對方好好吃飯、好好睡覺，不要生病等，還有一些屬於她們母女之間的默契。這通電話就在兩人都一把鼻涕、一把眼淚，卻又帶著溫馨的過程中結束。

雖然同學不知道「一個月」的事情，但透過引導，她妥善運用了這一個月的時間，我積極地走上徒步進香路，這個舉動也在鼓舞著她，面對這一切困難，這些明確的「數字」就顯得不那麼重要了。

面對疾病，需要的不是憂苦；面對死亡，需要的不是哀傷。積極、正面的心，是我們對治這些現象時的必備品，生、老、病、**死是時間早晚的問題，做好準備，我們可以讓自己沒有遺憾地迎接它發生**。如果世間萬物都不會消失，我們也不會懂得珍惜，因為害怕失去，所以我們學會小心翼翼，可太過在意，又容易讓自己不分輕重。一切都在順其自然中，學習拾起、放下，讓我們一起做好準備，迎接生命的每個狀態。

廟公解惑籤

◆ 第十六首 ◆

面對疾病，需要的不是憂苦；
面對死亡，需要的不是哀傷。
積極、正面的心，
是我們對治負面情況的必備品。

大吉

宜正向

17 個案六：他愛他

二〇一八年，九合一選舉連同十項全民公投案一同辦理，當時除了選舉結果幾家歡樂幾家愁，公投結果出爐時，同樣出現各種聲音，其中與性別有關的公投案引起社會大眾的諸多情緒，分別是「民法婚姻規定應限定在一男一女」、「同婚入民法」、「同婚用專法」、「反對同志教育」、「加強性平教育」這五案公投。

看到公投結果，身邊的同志友人紛紛發出哀號，裡頭不乏自己的親人，情緒激動者甚至難過到萌生尋短念頭，公投從連署開始到投票結束，過程中反同組織動用資源，大肆宣傳扭曲的資訊或歧視性的內容，深化民眾對於同志的負面觀感。許多人光是「出櫃」與否，就掙扎許久，有的則在出櫃後與家人的關係變得緊張，這次的公投更是激起有些家庭內的爭論、衝突，導致人們出現焦慮、憂鬱等負面情緒。

二〇一九年五月的某個下午，我忽然接到一通電話，沒來由地開心大呼：「我可以結婚了！」原來是政府雖受限二〇一八年的公投結果，無法將同性婚姻納入民法，卻依照程序在二〇一九年五月十七日三讀通過《司法院釋字第七四八號解釋施行法》：「相同性別之二人，得為經營共同生活之目的，成立具有親密性及排他性之永久結合關係。」同年五月二十四日正式生效，當天馬上有同志伴侶前往戶政事務所登記，推進台灣在性別平等的一步。

只是打來電話的親友接著表示，自己大概沒有機會結婚，因為要向長輩出櫃還有很長的一段路要努力，整個社會的風氣都顯示，我們對於性別平等、性別教育還有很多事情可以做，畢竟類似的故事在許多人的家裡都上演著。

解脫，來自察覺「分別心」

記得在同婚專法施行後的幾天，當時的我正在雲遊四海的路上，風塵僕僕地抵達地方大廟拜拜完，意外下起了大雨，想到大學同學跟其男友都住在這個鄉鎮，便趁著這場留客雨拜訪他們兩人。我們相約了餐廳見面，看著兩人笑容滿面，依舊充滿活力的樣子，便覺他倆歲月靜好，彼此相知相愛相惜，今天趁著這場雨重逢，是老天爺美麗的安排。

只是用完餐後，這場雨依然沒有要休止的跡象，於是同學的男友便提議到他家稍作歇息。看著眼前的雨下得如此滂沱，自己後續又並無行程，心想機會難得，不妨再多相聚一會吧！由於對方住家裡的關係，同時見到了他的阿嬤、父母、哥哥，過程中我談論到自己當廟公的經歷，以及各種神奇事蹟、靈異故事，讓他的哥哥也升起了興趣，加入了聊天的行列中。那是一個暢聊的午後時光，回過神來已經傍晚，天空也早已放晴，我就繼續踏上我的旅程。

一個禮拜過後，同學男友的媽媽找到我的臉書，傳了訊息給我，說著第一眼只覺我曬得很黑，還以為我是做什麼樣的工作，問了情侶兩人知道了我過往的「豐功偉業」，所以想來尋求一些「解脫」。阿姨繼續提到是否對哥哥還有印象，希望他沒有對我太失禮，原來這個需要「解脫」的源頭來自哥哥。

阿姨在意著哥哥的性向問題，前幾天哥哥向阿姨提到一些事，可阿姨尚無法理解，因此想從神明的想法中尋求解方，她想了解這樣的「性向」如何存在，阿姨說：「幾年前，為了哥哥的性向問題，我足足失眠了兩個多月，白頭髮都長了出來，我跟一些媽媽一樣的反應——『我做了什麼孽，才會生出這樣的孩子？』其實，我看不開的事，不是我自己的孩子，而是別人，尤其是自家親友對我和孩子的批評攻擊，我不排斥他們，可是我該如何面對其他親友呢？

「依神明的角度，他們又是如何看待？我不會去跟別人駁斥什麼，純粹只是想解除一些心中疑惑，讓自己不再胡思亂想，一味歸咎自己。我不是怕別人批判，只是想了解，天地萬物真的有一定的道理遵循嗎？」

面對著阿姨的困惑，我先明確告知阿姨，無論是同學還是哥哥自己，都沒有明確告知我哥哥是同志這件事，即便大家心裡有數，我們都不會去攤開它，因為每個人都擁有保有自己隱私的權利。我表示自己身邊有不少同志的親友，不論他們是否跟所有人「出櫃」，他們依然可以好好過日子，在自己的專業領域發光發熱，更重要的是他們都值得擁有幸福。

曾經我帶著友人去拜拜，眼前是三山國王夫人，參拜完後得到夫人溫柔地答覆：**「金童兩相配，早就不是問題。重要的是孩子如何相處、如何和諧、如何找尋屬於自己的幸福。」**接受到這番訊息的我內心震驚，同性婚姻都還沒合法化，三山國王夫人竟然走得比法律還前面，可這就是神明之所以為神明的地方，祂們用自己的慈悲與智慧，去照顧身在紅塵的芸芸眾生。

動物界裡也有同性關係，歷史上更留下「斷袖之癖」、「龍陽之好」的紀錄，在這個時代，性別已經成為公開討論的議題。今天無論他的選擇是什麼，孩子健康跟快樂才是最重要的，餘下的兒孫自有兒孫福。

雖然有三山國王夫人的一番話，加上動物界與歷史記載做支持，可龐大的宗教觀裡，還是有一些東西困擾著阿姨，尤其是因果業力、太極陰陽這些論述。我回答阿姨：

「『未知生，焉知死』，我們看不到過去和未來，那麼擔心因果反倒會讓自己煩惱的。對我們來說，**按照所知觀察，活在當下，做好每一天才是應當的本分！**至於太極，妳看兩儀圖裡，兩隻陰陽魚首尾相銜，太極兩儀相對相交，是陰陽的相對相生，陰陽裡頭又有一陰一陽，是陰陽本身為一個整體，不可分割。一般認為只有男、女相配才是陰陽相對，可這是被定義出來的，君臣、父子、夫婦皆可被視為定義為陰陽之數，那麼同性伴侶之間的角色又是否可以定義出來呢？拿佛教的『平等心』來說，一**切都是因為自己起了『分別』，才有如此的感受差異啊！**」

最後阿姨才說：「哥哥曾跟我說，他根本不會擔心別人怎麼看他，但他在我們家族之所以不想公開，是他知道，我一定會遭受一些詆毀，其實我真的不擔心這個，我只是想了解真理，讓自己可以接受一切。」

我從那次聊天中，可以感受到哥哥的自信與開朗，哥哥的這番話是他想保護這個家庭，保護愛著他的媽媽，即便他們可以合法結婚了，我們的教育與社會風氣，還沒有走到那一步，在那之前我們要繼續努力。在宗教界，不乏寺廟宮堂的負責人也是同志，或者他們是支持多元性別族群的，若這一切真這麼天地不容，那麼神明也不會選擇他們。所以，我告訴阿姨：**「讓我們好好愛著他們，如果當我們都不愛他，又要要求誰來愛他們呢？**就把心安下，哥哥知道你們的愛！謝謝老天爺的這場雨，不然我們不會有這個機緣開啟對話。」

人人擁有自由與平等

為什麼要出來雲遊？正是為了這些機緣。如果沒有那一場下了大半天的狂風暴雨，我就不會這般停留，也不一定有機會遇上阿姨，解決她盤踞多年的心頭憂慮。但我知道，假如我今天依然還待在廟裡，勢必不會有這些發展。因為走進廟裡的大家，往往會顧慮這些可能被認為「不正常」的事情，而難以啟齒。

在許多長輩的認知裡，之所以會有不同的性傾向，通常是發生了什麼壞事，或是被誰帶壞才會這樣，需要帶去廟裡進行收驚、驅邪、飲用符水，驅除身上的「歹物仔」，回向自己的因果業力、冤親債主，就不會再被過往束縛，留下過去幾輩子的性別習慣。對於長輩，這些動作究竟是為了孩子好，還是為了鞏固自己心中設想的世界呢？我只知道，僅僅認定「不正常」對同志族群就是一種傷害了。

生而為人，擁有自由與平等，無論對方的選擇是什麼，我們都給予尊重與祝福。現在的台灣，無論是跟異性伴侶還是同性伴侶，都可以登記結婚了，只是從層出不窮的案件中，可以知道很多時候，大家只是不在乎別人家的小孩，一旦發生在自己家族或自己的孩子身上，往往會用很嚴厲的態度，要求對方做一個「異性戀者」，符合所謂的「社會期待」，但這個社會期待只建立在該家庭乃至家族中，而犧牲當事人的想法。

或許是父權對於我們的社會影響太久，過往的教育又始終忽略這塊，導致我們的社會忽視了對不同聲音的尊重。既然是同一家人，就算短時間無法接受，至少試著理解及尊重，如果連我們自己都做不到，那又何德何能要求外面的世界去給予他尊重與愛呢！

在前述個案故事中，我看見人性的變化與成長，也學習如何在混亂與不安之中，找到屬於自己的定點。當我協助個案處理問題，對方所經歷的掙扎與頓悟，也成為我的修行明鏡——映照出自身的不足，提醒自己該如何成長。

從自身經驗到這些故事，並非是截然不同的兩條道路，而是彼此交織、相互影響的修行旅程。

廟公解惑籤

◆ 第十七首 ◆

與人相交，性別不重要，
重要的是彼此如何相處，
如何找尋屬於自己的幸福。

中吉

宜和睦

第3章

種種修行，打磨自己

18 — 先仔：指點迷津

每逢疑難雜症，你會自行尋找解決之道，還是到廟裡求神問卜？

待在廟裡那麼久，看著許多人善男信女帶著憂愁的面容走來，點起清香就是滿腹的委屈要說，隨著工商發展、科技進步，生活越來越便利的時代，大家的內心沒有時常平靜，伴隨而來的是更多的壓力與疾病。

每天被工作追著跑，回到家中可能還有不同的壓力出現，腸胃、皮膚、睡眠、精神等機能陸續出現狀況，身心煎熬的狀況下，如何安定自己？當彼此都處在緊繃之中，又怎麼好意思輕易把自己的難題跟別人訴說？就只剩下寺廟宮堂內，端坐在神龕之上的神明們，不會因為自己的話語而有情緒波瀾，也不會有祕密外洩的疑慮，向祂們擲筊、求籤，來為自己把定心頭，在浮沉的人生牽引方向。

待在廟裡的時候，看見有人久跪在拜墊上不起，或當對方擲筊許久都始終不改愁容，雞婆的我總會上前關心，光是擲筊這件事就有許多學問，這是一個與神明對話、提問的過程，可想要獲得答案，必須先整理好自己紛飛的思緒。看著擲筊接連無果的狀態，我就會詢問事情的始末，捋清資訊再替其向神明發問，再由當事人自行擲落手中的筊，**這個捋清的過程就是一種引導，透過自己的經歷、智識去讓對方的打結的思緒走出迷霧，最後讓聖筊加強自我肯定**。

換作籤詩，大家往往只看吉凶，拿到大吉歡天喜地，拿到大凶愁眉苦臉，既然需要我們這些「先仔」*坐鎮幫大家解籤詩，就不會只憑籤詩的吉凶，來為人們斷言禍福。籤詩內文、籤詩典故都可以做為解籤的方向，配合對方所問的事情，有著不同的解籤角度、對應時效等，**並非上上籤就一切高枕無憂，也並非下下籤就萬事休矣，籤詩不是只有透漏事情走勢，還會藏著我們應對之道，讓求籤者趨吉避凶**。

擲筊、求籤、乃至其他占卜、算命之事，除了要知悉過去、現在、未來，為的就是要覓得改善眼前困境的方法，或者排除自己在混亂當中的不安，但「算命嘴糊瘰瘰」（算命師講話天花亂墜），多數的江湖術士出來經營這類生意，本就旨在賺

*指在各領域有相當專長貢獻的人。

錢，所以有時候為多賺取費用，會刻意引導客人的心理，讓其多進行幾次占卜，或者購買相關的開運商品。不過待在宮廟的我，天職所在，唯有指點迷津、安定人心而已。

卜卦，為迷茫之人指引方向

待在廟裡的日子，等待著香客上門，透過擲筊、籤詩為人們解惑釋疑；出門雲遊的時候，也能與大家相約在地大廟，尋求神明的協助。**但廟門並非時時大開，通靈也非可隨意使用的能力，更何況後期的我單純是個麻瓜，唯有開發新的方式，去補足經歷、智識無法給予的部分**。在某次借宿他人家中，朋友問起能否為她的工作指引方向時，心想這個時間也無法去大廟請示了，正當束手無策時，我想起曾經有被交代學習《易經》一事，而這《易經》當中正包含了卜筮之法。

在讀書的時期，我便曾夢過臨水夫人，獨自出門環島時，便沿路尋找這尊入夢的臨水夫人，又再過了幾年後，才真正有祂傳遞的訊息：「伏羲結八卦，神農掌五穀，媧皇造人倫，三皇開群倫，群論造黃帝，黃帝開歷史，文王造八卦，八卦化易經。」「斗宿列光煥靈地，青木赤火黃帶帶土，黑水白金彩隱色，卦爻定論易數理，練化陰陽生死門，分明日月晝夜換，機轉不息昌物盛，至陽之極勢必反。」

看著第一串文字，有種背誦歷史課文的感覺，起初完全無法理解意涵，獲得了第二串文字，一種繞口令似的內容，祂們真的是高深莫測，帶有「深」意的內容，都要費心思。將兩部分的文字合併解讀，我判斷出臨水夫人希望我學習《易經》，去理解萬物的運行規律。

世間恆久不變的，就是它一直在變，一切順其自然，持有簡易的狀態，古人長久以來地觀察，在陰陽消長、日月交替之間，制定出了爻與卦，「無極生太極、太極生兩儀、兩儀生四象、四象生八卦、八卦生六十四卦」。有了基本概念，臨水夫人降下的詩詞，解讀起來就不難，就為了指引我學習《易經》而已，不用記下六十四個卦象的卦辭，只要通透這易經所含之道理，天地運行之道，自然會在日後為民解惑時派上用場。再進一步學習卜筮之法，從六十四卦中，卜算出吉凶禍福，成為我無法到廟內請示神明時的方便之道。

時值深夜，朋友隔天一早就要去考教師甄選，過去一陣子已經考過多次，想問說這次是否能成。這個問題一聽內心就覺得有所蹊蹺，我認識的她應該不是對於教職這麼追求的人，好管閒事的個性跑了出來，決定先釐清她真正的心思與意願，再好好幫她卜這個卦。卜卦是我在無法請示神明時，最後才會使用的替代方案，並且希望大家不會養成依賴，只是藉助卦象示意的吉凶，調整自己的步伐與方向。

等到朋友說完事情原委後，知道她是出於現實才做出這樣的選擇，姑且為她卜上一卦，卦中明確指出這次同樣不會有結果，除非有其他變數產生，不然還是思考其他方向才好。

接著我們又進行好一陣子的對談，勾引出她內心真正的渴望，而不是迫於環境或旁人的影響，犧牲自己的意願，最終她釐清自己，內心對於社福相關的事情有所盼望，想請我再幫他卜一卦，這次我不再遲疑，立刻給出了卦象。卦象顯示，**做著符合自己意願的事情，才不會委屈自己**，可這工作並非容易，得拿出相對應的身心狀態應對，剩下的就是貴人相助。

隔日，我的旅程移動到下一站，入夜時分接到她的來電，那場甄選確實沒有上，倒是因為這個甄選，遇到了那個「貴人」出現，雖不是本來預期中的樣子，卻也是社福領域的工作，正好符合她心中所想。

其實我沒有預想幫忙卜出的卦象，會花多久時間應驗，或者它可能完全不會應驗，因為這是我第一次為人卜卦，是為替代請示神明而生的方案，是在彼此都有共識後，我們決定進行的卜卦，**我只想用卦辭去解放那個壓抑、束縛的心，鼓勵她鼓起勇氣開拓接下來的道路，這才是我的「指點迷津」——為迷茫之人點燈**。不過這卦辭應驗之快速，嚇得我措手不及，這般靈驗卻也成為最好的口碑，開啟了後續一連串的「卜卦先仔」之路。

獲得方向後，凡事操之在己

解鎖了卜卦項目，也正式讓大家在面對神明之外，可以經由卦象與輕鬆的談話來解難釋疑，眾人知道這個消息之後，陸陸續續要來掛號，成為僅次於收驚的最大需求。

芸芸眾生究竟有哪些煩惱，想要利用卜卦來解決？不外乎依然是愛情、健康、工作這幾個重大事項，只是倘若要問感情，詢問是否為正緣的，我一律拒絕回答。對象好壞，始終是自己挑選的，相處的過程只有戀愛中的兩人清楚，我們給出了正緣與否的答案，你就要因此分手或離婚嗎？正緣的定義與終點又是什麼？結婚生子還是白頭偕老呢？三山國王夫人說過：「重要的是如何去愛，去和諧。」**求神問卜不是愛情的法官，沒有權利宣判兩人感情的分合**。

除了沒有對象的單身者，其他卜卦者多半帶著有所預期的心態而來，詢問這段感情是否會成，如果是有所依據的案件，就能從卦象推回事情本身的狀況，藉由卦辭與對方的言談，給予最貼切的建議，讓其走出自己的感情迷霧。

另外還有健康的議題，如果久病未癒，前來詢問哪裡有適合的醫生，或者是否有其他因素影響病情，這樣相較合情合理。但部分的人會沒來由地詢問自己哪裡應該注意，**卜卦可不是X光機、核磁共振**，可以一卦掃描全身上下，即便向神明請示身體該注意之處，要記得我們不是醫生，生病了還是得找專業人士。**個人的身體是各自在使用，平時就該養成覺察的習慣，還有對天氣變化、季節交替、流行疾病、過敏原、壓力累積等保持感知，許多疾病在發作之前有所徵兆，那就是預防之道**。確實可以卜上一卦點出該留意之處，可「個人造業個人擔」，自己的身體自己在用，怎麼壓榨健康或是進行保健，都是自己造作。

不管是引導擲筊，還是解籤、卜卦，都是依據當事者提供的資訊做判讀，經過神靈指點或術數之法，獲取趨吉避凶之道。**即使得到了多少指示，凡事依舊操之在**

己，我們的角色可以替大家指點迷津，在迷惘的人生道路給予方向，卻不是推動大家前行的引擎，剩下的路請自己加油；我們的角色能夠帶給大家安定，卻不是永遠的定心丸，面前重重阻礙還是要靠自己親手克服。

但是要記得，我會一直守在這裡，大家一定能找到的地方，做燈塔的光火，指點迷津、指引迷航。

廟公解惑籤

◆ 第十八首 ◆

釐清內心眞正的渴望，
去做符合自己意願的事情，
才不會委屈自己。

吉

宜思考

19—農人角色：大地的饋贈

自從受戒之後，我改變了嗜肉的習性，成為一個素食者。吃素以來，家人對於要烹煮我的三餐經常有意見，覺得吃素不營養、他們不方便煮，但對我來說「食魚食肉，也著菜佮」，我只是要大家三餐中有什麼青菜就吃什麼而已。

現代社會，到底有哪些菜是我們經常食用，又有哪些烹飪方式，其實是我們限縮自己習慣了，養成了單一的飲食方式。即使經常上市場買菜，對於從種植到販售，再到家庭餐桌上這段路，許多人其實也不太會去思考這盤菜經歷了多少旅程，才送入自己口中。

小隱隱於野，在自然中學習

當我正處於逃避修行、逃避人群的階段，我選擇了一個「深山林內」的工作，去到花蓮西寶，一個海拔九一五公尺的地方，在那邊打工種菜，過著訊號不良、難以聯絡的生活。因為我無法「大隱隱於市」，只好逃走，逃到這個遠離紛擾、喧鬧，連電話都要騎車出聚落才有辦法接聽的地方，希望「小隱隱於野」，平復自己被攪亂的心境。

西寶屬於立霧溪流域高位河階，當年為提供開闢中橫公路工人飲食所需，成立西寶農場。完工後，工人在此定居，成了西寶部落。這裡日夜溫差大，種植番茄便是利用這種特性。四周環山，處於背風面，平常降雨不多。在我打工的農場，老闆娘是當地人，老闆在與老闆娘結婚之後，投入農業。我的工作，吃住由老闆娘提供，加上沒有地方花錢，做多少便是存多少。在西寶的生活總共一個月，把生產過程中的種苗、打藥、除草、採收、清理、出貨等事情都經歷過至少一輪才下山。

猶記上山那天，尼伯特颱風剛走，整個中橫公路滿目瘡痍。從太魯閣國家公園管理處到西寶的路上有好幾個管制處，在天祥隧道前更是得在落石的空檔中快速通過，這是第一次在大自然中感受到生命威脅。從新城到西寶，路途從下午一點開到了五點才終於安全抵達，上山第一天就在學習如何與自然環境相處，但後面的日子還長呢！

經過混亂的一晚，隔天五點半的早餐，用完餐便開始一天的勞動，因為颱風帶來的連日豪雨，為了搶救，上工第一天便是採收高麗菜。走進菜園中，高麗菜一顆比一顆還大，每個都至少一公斤以上，前輩負責將它砍下，我負責裝筐，等所有高麗菜收完，再合力將所有筐子一起擔上車。將這一筐筐高麗菜擔上車的過程十足煎熬，每一步都是沉重，一筐五十公斤，一次來了十筐，這對平日鮮少運動的我，是一種極大的挑戰，更別說這工作本身就是媲美重量訓練了，初來乍到時，只能請前輩多擔待些。

收菜回來，為保持蔬菜新鮮，便要著手整理：把多餘的菜葉拿掉，洗去泥土、蟻蟲，檢查有無發臭、腐爛，裝箱、秤重，最後送上車讓老闆載去花蓮市出貨。從這時候開始，老闆與老闆娘便開始傳遞觀念，希望我來這除了打工賺錢，還能一起共學。

種菜是勞力活，雜務又多，這裡除了高麗菜，還有牛番茄、青椒、當歸跟白菜，各有各該注意的事項，雖是勞力活，卻也是細緻工夫，只是我一開始就被扛菜的粗重活給嚇到。老闆後續分派拔草、牛番茄放藤、撿菜葉、拉噴帶、採收番茄等工作給我。拔草有其訣竅，斬草要除根，不然兩三天又長回來了，拔不動也要拿剪刀伸進土壤把根剪斷，同時要分辨雜草跟作物，就有同學把茄子也拔掉，被老闆娘責念。

我最常做不好的就是採收牛番茄，採收的條件根據色澤來判斷，還要考量出貨的時間，如果離出貨時間隔了幾天，那麼就可以採收微帶綠色的番茄，如果出貨在即，就只摘採紅色的番茄。最常出包的就是這紅色、橘色、綠色的範圍分不清，只好在工作完畢後和老闆娘「共學」一番。

眾多工作之中，有一樣工作是必須持續進行的——趕猴子，台灣獼候總是不斷偷吃作物，工作到一半時不時就要跑去放沖天炮做警示，曾經就發生過牛番茄被吃到差點無法出貨，所以下田的工人們得隨時警戒。

台灣獼猴，晝行性活動群體動物，是台灣特有種保育動物，主食以水果為主。以往只有在電視新聞上看到牠們，說牠們搶走遊客的食物，偷吃農作物的事情，這回可讓我也碰上了。

在這裡，牠們會掀開溫開溫室的網子，入內大肆吃起牛番茄，到高麗菜田把菜心吃個兩口，就嫌棄離去，這些囂張的山大王，還能知道其他工人放置陷阱的位置，刻意在上面大便。牠們平時棲息在山壁上，為了保護農作物，我們只能站懸崖邊向下往山壁投擲沖天炮，示意牠們遠離這塊土地。雖然工寮裡放有高殺傷力的武器，不過對於一個受完五戒的人來說，沖天炮已經是最大限度，要我使用武器直接攻擊實在做不到，畢竟同為眾生，我們都是大自然一環。

從中期開始，老闆經常派我一個人顧一大片的田園，其他工人覺得我太善良，就時常擔心我會被猴子欺負，所幸沖天炮就足以讓牠們暫時遠離。也多虧台灣獼猴是晝行性動物，只需要在白天戰戰兢兢面對牠們，晚上還是可以安心睡個好覺。

十方來十方去，眾生吃剩的才是我們的收成，除了台灣獼猴，山羊、山豬、蟲蟻都是農場的饕客。

在牛番茄溫室裡，銀葉粉蝨是最大消費族群：成蟲在植株葉背產卵，尋找宿主，以刺吸式口器刺吸植株養液，羽化後成蟲繼續帶來危害，或再飛至其他之新梢葉背組織產卵。除直接吸取營養液外還會傳布病毒，讓葉片提早焦枯落葉，果實畸形，除了放置黏板就是頻繁地打防治。這防治利用菌種，讓蟲類吃到後不再進行覓食，這防治方式與噴藥相同，只是噴灑的液體不同，每每背著三十公斤的桶子走在園裡，總是舉步維艱，要觀照每株農作物，要兼顧自己不能受傷，還有時不時竄出的動物們，照顧這整片田園的功夫可真不容易，讓我慢慢體會到田園生活就是一種艱辛的修行啊！

葉菜類除了台灣獼猴，最大的饕客就是長鬃山羊，最常在清晨與黃昏時發現牠們，老闆利用攝影機拍攝牠們在夜間來吃高麗菜的樣子。長鬃山羊的蹄有突出外側，可以攀住岩石表面活動，好幾次發現牠們是從陡峭山壁上到高麗菜田，這對台北俗的我來講，來這裡工作就是無止境地探索與發現。

面對大地，就是在面對自己

務農是看天吃飯，除了動物們食用完的，還要看老天爺賞臉。農場有一塊位在谷園的菜田，是片排水不易的谷地，兩旁是高聳的山壁，擋住山風，容易悶熱。在八月中的時候，連日大雨造成了落石、土石坍方，自己就有好幾次與落石擦肩而過的經驗，連續幾日的強降雨，使得積水無法退去，蔬菜紛紛生病。大量的積水，讓病菌開始滋生，高麗菜開始變色、起皺、腐爛或完整組織崩解，原來是細菌性軟腐病，因為過於密植，加上不夠通風不易排水的環境，讓它們一個個走向死亡。

事情發生後，老闆讓我整理這片田地，現場瀰漫濃厚地腐臭，我忍著惡臭一顆一顆地送它們上路，這時候距離我下山的日子剩沒幾天，整理田地的當下，最初為何上山而來的疑問浮上心頭。務農是跟大地最直接的接觸，初上山的我，經歷了植物的生長；準備要下山的我，也看見這些作物的意外殞落，辛苦照顧了一個月，卻是這般光景。

當初因為想要逃避修行、厭倦人群，選擇遠離塵囂的西寶種菜，卻在每一回與大地相觸時想起地母至尊的經典：**「地能生萬物，如母養群生。」**我們踩在大地之上，食用取之，卻忘了感恩報答，反倒是破壞。雖然農場以有機栽種，但是為了獲利，對於地力的消耗依然甚巨。在高麗菜們生病之後，傳來大地的哀歌，清理的那幾天，我赤腳赤膊地站在園中，感受到土地的難過。一顆菜經過層層流轉，到了消費者口中，他們會記得「誰知盤中飧，粒粒皆辛苦」嗎？**這辛苦不只是農人費心栽種，還有土地的孕育**。

時間到了，我的打工目標完成，帶著不捨的心情下山，整理了大地給予的教誨，重新面對我所逃避的事情，宗教就是蘊含了自然道理，**其實我每天在面對大地，就是在反省自己，我始終不曾離開修行！**

一個多月後，回了西寶一趟。蔬菜又教了我一次什麼是生、老、病、死。幼苗種下去不久就病死，當時面臨苗荒，谷園的牛番茄已整片枯黃。這是個入秋的季節，秋風颯颯，一片蕭瑟的景像呈現在眼前，那枯槁的生命力，不禁令人生起憐憫。田地不遠的回頭彎還留有颱風後坍方的痕跡，通往蓮花池的路在整修完沒多久又再度陷入封閉。生命強韌卻也脆弱，它們歷經多少風雨才能收成，卻也禁不起風雨摧殘。

不少神祇源於自然崇拜，田園生活與我的修行自始自終都沒有分離，我真的逃避了嗎？沒有，我倒是與他更緊密了，透過大地給予的餽贈，猶如神明透過這場環境教育，給我的最好教誨，在每個作物身上的種種都是啟發。務農很累，但這「苦其心志，勞其筋骨」的過程，同樣是對我所缺乏的，進行打磨與修行。

每天與大地的接觸，就像與祂們天天見面一般，**我想要逃避的其實不是遠在天上的祂們，而是我自己內心的脆弱**，但祂們不曾遠離我、放棄我，我毋須逃到天涯海角，只要正視自己即可。

廟公解惑籤

◆ 第十九首 ◆

一顆菜經過層層流轉，
到了我們口中，
不只有農人費心栽種，
還有土地的無私孕育。

中吉

宜好好吃飯

20 ─ 導覽員：走進地方

廟宇在過去與大家的生活息息相關，不少地方廟宇前都有熱鬧的市街，大家依傍著廟宇而生。大家必定會去的信仰中心，聚集了人潮，人潮象徵著商機，進而發展商業與文化，知名的北港朝天宮、鹿港天后宮，就可在年節期間、媽祖聖誕期間湧進大量人潮，有的為信仰而來，有的則為觀光、採買而來，信仰中心帶動地方產業發展的狀況，在台灣許多鄉鎮都能看見。

隨著時代更迭，流行文化快速更新，以及網購文化的發展，大家不見得再到實體店家購物，就連信仰也出現了「線上拜拜」，我們走進「地方」的機會越來越少，尤其受到疫情影響，店家一間一間熄燈，整個廟前漸漸蕭條，好像原先形成的地方文化，正在一點一滴流失，是否哪一天我們這一輩，甚至下一輩就會記不起那些繁華？為了避免這種事情持續惡化，我決定利用身邊的資源與認識，在有限的能力下，把我們這個面臨文化流失的世代，與那些存在過的文化資產連結起來。

與地方產生連結

最開始的我，並不認為自己有什麼資格上課，或是有資格嚴厲要求必須做些什麼，可要帶大家走過我們生活的地方，帶著他們認識平常忽略的一磚一瓦，還是可以的。於是決定就先從導覽做起，從我最熟悉的「新莊」開始！

從高中就讀新莊高中開始，只要有空的課後時間，我就會從學校花半小時的時間，走路到俗稱「新莊街仔」的廟街，這條位在新莊路上的廟街林立許多商家，其中不乏百年老店，餅店、粿店、打鐵鋪、豆干店等，新莊路的中段到了晚上更是搖身一變成夜市，好不熱鬧。廟街之所以名為廟街，就是這條街上有著數間老廟，眾神護佑著這一整條街。另外在不遠處還有新莊地藏庵，奉祀著地藏王菩薩與文武大眾老爺，每年的「新莊大拜拜」，請出地藏王菩薩與文武大眾老爺出巡遶境，是新莊一大盛事，這裡更是陣頭——官將首的發源地。擁有這麼多元素的新莊，怎麼能不好好認識呢！

而我所屬的道場，正是在新莊街上，我心想：雖然信徒多半是在地人士，但並非是原先存在的在地信仰，雖然可以建立出新的文化，可我們始終在跟地方文化接軌，尤其道場的前身，乘載著部分新莊人的記憶，早期每當有人不舒服需要收驚時，都會來到這裡尋求協助，可惜後代出家後，將此地捐予道場，這段歷史也就隨著一代人的消逝，漸漸被遺忘。

被淡忘的故事，絕對不止這一處，為了讓大家不要身上只有新莊的DNA，卻忘記那些鋪陳今日新莊的過往脈動，我藉由自己處在青年團的方便，就從我們這代人好好認識這片土地開始，**帶著他們走出寺院，挖掘廟街的各個角落，看看那些我們不斷經過，但從不注意的地方**。

只是我並非土生土長的新莊人，導覽時總覺得自己會少了一種口氣，那種熟稔土地往日記憶的口氣。恰巧我結識了新莊故事遊藝隊，他們聽聞我想讓道場裡的孩子有認識新莊的機會，便答應我要好好導覽廟街文史，可新莊路全長有兩公里多，不可能一次講完，便安排從媽祖廟一路走回道場，導覽這一段的古往今來。

會特別安排導覽還有一個原因：新莊曾經有著「一府二鹿三新莊」的說法，只是淤積後才轉往艋舺，不同的神祇坐落新莊街上，護佑人民；廟中的神明支撐著先民度過開荒的艱辛。滿滿的街屋可見曾經繁華一時；老店鋪一窺早期的生活痕跡，還有老街必備的特色美食，大家生活在土地上，卻對土地上的一草一木疏遠，只知道逛夜市、吃東西可以來這裡，卻不知道這裡其實有很多文化寶藏，而這些文化寶藏正一點一滴地消失，許多具有文資價值的建築、遺址在不知不覺間被拆除，變成高樓大廈，那些好幾代人的記憶，隨著萬丈高樓平地起，一起被掩埋。

我想讓大家實際走過，感受這裡的地理、人文、在地人的情感與溫度，再望向那些興建中的建築，**我們的無知無感或被動態度，助長默許了周遭正在發生的一切**，倘若我們想繼續擁有這這美麗的人文風景，刻不容緩，必須從此刻開始努力。

不只是讓他們接受導覽，我找到機會也讓他們為他人導覽，如此有機會形成循環，把我們知道的美好傳遞出去。考量每次對象都不同，又都是外地來賓，每次都選定了媽祖廟到道場之間的段落，一者與外賓從新莊捷運站走來道場的路線重疊，提高大家的參與度；一者是這段落包含了夜市的範圍，含括許多精采看點與食物，能開啟大家的各種感官；一者是大家最熟悉的區域，就能安排大家負責不同的經典介紹。

一個好的導覽需要對歷史、地理、文化資產等各方面做足功課，還得思考如何轉化艱澀的資料，領著大家中走到現地，看見一件件歷史文物時，能從當下場景遇見過往的生活，穿梭回去那個年代。且看大家怎麼描述每個景點，無論是提及歷史事件，利用地理環境、風景，或者大家耳熟能詳的鄉野奇譚、民間故事等，使參與者跳脫言語、文字，升起參與感，處處考驗著導覽員對於每個地方的熟悉度，以及擴充相關知識的努力。還有面對不同族群，能活用的不同的語氣、內容，**讓導覽不只是導覽，是彼此的教學相長，同時是給導覽者一次又一次重新認識這個地方面貌的機會**。

普度的對象，不只是個人

對於佛門學子，導覽也是一種修行。光是每個景點的資料，必須廣泛收集，還得分辨歷史的真偽，再來才是將其記下，且能熟稔靈活地敘述內容。這個過程你得專注、明辨、精進，每件事都得身體力行，不可懈怠。面對參與者，基本上只要報名了就是來者不拒，在所有人背景各異的情況下，怎麼去關照所有的人，讓參與者不會入寶山卻空手而回，也在對應著〈普門品〉揭示的「應以何身得度，即現何身而為說法」，菩薩為引度眾生，能做不同的示現，今天做為導覽員，要讓大家能身心浸淫在我們的地方文化裡，也得為其做不同的解說變化。

我陪著青年團的成員上陣過了幾次，漸漸地他們已經對地方有所認識，在後來的導覽中甚至不需要我同行，我想「地方參與」的漣漪正擴散出去。很開心能藉著這個因緣培育後輩，或許導覽工作、地方文史等方向，並非他們未來的工作選擇，但至少他們在看見自己生長的家鄉面臨困境時，會感謝自己有努力。他們在這個過程逐漸成長，擁有不同的眼界看待社會，學習了技能與世故，也讓這些曾經存在過的歷史存在於更多人的記憶之中。

而我這個外地人，從不把這裡當作外地看待，我踏實在這裡生活過，這裡有我許多重要的人與事，裝載著那些青春，**努力過後，這份成果會回到自己身上，我走進更多人的生命，他們也成為我的記憶**一**部分**。

《禮記．大學》：「古之欲明明德於天下者，先治其國；欲治其國者，先齊其家；欲齊其家者，先修其身。」我們雖不至於獨善其身，兼善天下的崇高抱負離我們又尚且遙遠，可自己在修身、齊家之外，仍希望有益於社會。

普度眾生的大願不曾消失，**這普度眾生的對象，原來不見得單至個人，地方文化、文資同樣是我們需要去拯救的**，它們被拯救後，受益的是這個地方文史的建構，是後代子孫認識我們的管道。或許我們無法到達「治國」、「平天下」的地位，然而以自身為出發，再到所屬社團或地方上的經營，一層一層往外擴散，雖不至於撼動世界，卻是著實再影響這個社會，只要努力，我們就能保住這些屬於先民與後代子孫的珍貴文化財，**有一代傳一代的記憶，才是我們社會真正的富有**。

現在，有朋友到台北遊覽，我依然會親自帶他們走過新莊街。走過保元宮、阿瑞官粿店、廣福宮、福德祠、文昌祠、鹹光餅、慈祐宮、郡役所、隘門遺構、挑水巷、戲館巷、米市巷、潮江寺、武聖廟、豆干店、打鐵店、全安宮……這條街上還有好多好多的故事等著挖掘、記錄，謝謝新莊讓我用文史與導覽的方式跟大家結緣，還有給我這麼多值得看見的人文風景。

廟公解惑籤

◆ 第二十首 ◆

走出寺院，挖掘廟街的各個角落，
看看那些我們不斷經過，
但從不留神注意的地方。

大吉

宜散步

21 — 我把大廟變教室

自有記憶以來，我都是跟著阿公阿嬤住在土城，逢年過節依舊只有在土城，唯獨掃墓需要到基隆，這樣的光景，讓我總是羨慕他人，可以在節慶的時候，跟著親朋好友團聚在自家門口，同時轉換待在都市被工作消磨的沉悶心情。

出自羨慕的心情，以及學習人文地理的背景，我總想不停探索自己未曾好好駐足的地方，進行各式交流，記錄各式風景，拓展自己的人文地圖，所以在工作轉換期，選擇了學甲的一個基地，做為自己打工換宿的地方，在農村、老厝、大廟、沿海地帶等元素包圍下，轉換自己的人生。

基地是學甲當地的一個三合院，那裡的環境有許多大樹，讓人們可以透過繩索攀樹，從樹上眺望周邊，透過這樣的體驗，讓大家探索自我，而攀樹技能更延伸出攀樹修剪工作，提醒大家愛樹護樹，一起友善環境；農村裡少不了農事體驗，我帶著幼兒園的孩子，感受農作物成長的悸動與成就，提醒他們不浪費餐盤裡得來不易的食物，每個組成都是農人辛苦的結晶。其他還有許多帶著農村、學甲在地元素，或者體驗教育的內容，讓這裡的每處都是教室、遇上的每件事都是學習。

在廟裡學鄉土、生命、美學

在這裡，跟我廟公經歷、廟街導覽背景最相呼應的工作，就是大廟導覽，而這也是讓我與在地人拉近距離的機緣。農村是看天吃飯，大廟的存在非常重要，是學甲人的信仰中心，每年的「上白礁」祭典是所有學甲人的大事，每逢祭典時間，可以說是比過年還熱鬧，遇到大科年擴大舉辦成「學甲香」，更是所有人都動起來，**大人們參與科儀、陣頭，祭祀等大小事，小孩則忙著坐在極具特色的蜈蚣陣與各式藝閣上，這般全家總動員的參與，是最好的社區參與、鄉土教育，可以把自己的家鄉文化深深烙印在心上**。

正因為這層連結，我能相對容易把大廟從信仰中心轉化成「教室」，來幫大家好好上課，並且在不帶玄幻的元素下，讓所有人能夠聚精會神，看我怎麼介紹民俗知識，以及看我這個外地人如何讓他們認識自己家鄉的文化。

導覽的對象多半是幼稚園與小學生，面對這群懵懵懂懂的小朋友，如果他們沒有任何概念，實在很難激起他們的興趣。不過當我帶著小朋友來到廟埕，底下便七嘴八舌講起話來：「我每天上課前都會來拜大道公。」「大道公是我的契爸。」「我有坐過蜈蚣！」一聲音此起彼落，就知道他們絕對不會興趣缺缺。

但我想要再提高大家的專注力，今天來到廟前，剪黏、交趾陶、門神、石獅都是我的教材，於是我利用現場的各種素材、情境，去觸發他們的想像，來認識那些藏在日常風景中的道理。站在廟埕，請大家幫我找尋三川門上頭的八仙，猜猜祂們代表什麼涵義，藉由八仙代表著男女老少、貧貴富賤都能成仙的意義，去引導小朋友如果想要當神仙，今天這堂課就要守規矩、有禮貌，平常要愛整潔、友愛長輩等。

接著走進廟內，帶大家實際拜拜，學習怎麼跟「公公」說話，請保生大帝庇祐大家平安健康、聰明智慧，然後走過大殿、觀音殿、光明廳等，指出不同神祇的生平與傳說，講解彩繪、石雕、剪黏等藝術的不同，每每講到菜公——廟公界的前輩——的故事，又能讓大家把焦點放回我身上。

透過這樣一場導覽，讓寺廟裡的各個角落能被看見，發揮寺廟具有的教忠教孝功能，以及扮演鄉土教育、生命教育、美學教育的角色。小朋友的童言童言聽來天真可愛，有時候卻是最真誠的回饋：「我長大後也要跟廟公哥哥一樣！」「我以後也要來幫大道公工作！」「原來大道公的家這麼漂亮！」聽到這些話語，或許他們記不起年代、歷史，卻可以知道他們的心裡有著學甲的大家長——保生大帝，這裡是他們很重要的地方。

兒童充滿純真與好奇心，運用不同故事就能吸引他們的注意，那麼青春期的少年又要怎麼應對呢？我在這裡遇過一群春暉團體的中學生，導覽的前一個晚上與他們同住一個屋簷下，在零互動的情況下，不時傳來誰跟誰打架，誰偷跑出去的消息，我不免擔心起隔天的導覽會不會順利。

導覽當天，我決定做個測試，一樣以三川門上的八仙做為開端，想知道他們對於自己的人生是感到糟糕，還是抱持著希望？當我說著「男女老幼、貧賤富貴都能成仙，所有人無論過去種種，今天我們立於神前，就不問出身，一切皆平等」時，我能夠看見他們眼裡熱切的眼光，於是我安心地繼續導覽下去。只是這次不像對小朋友那般，讓他們熟悉「大道公」與「大道公的家」，而是從彩繪、剪黏上的故事、每尊神祇的歷練切入，啟發這些少年的內心與未來的可能，期盼他們真能如八仙，就算不成仙，也能自度。

導覽結束後，這些少年希望有一些空檔時間，因為他們說想要跟保生大帝「說話」，**他們並非沒有自己的渴望，只是需要鼓勵**。而這一天，他們從這場導覽中尋得勇氣，努力表達自己想要考證照、想要認真讀書等渴望，心中開始有了為自己努力的動力，甚至願意敞開心房分享自己的背景，為什麼會來到這個團體，這每一步都著實不容易。

原本我很怕他們會跟昨晚一樣，在導覽的過程中產生衝突，抑或興趣缺缺，但每個人都對整座廟宇的內外感到好奇，也有所提問。**每個環節都成為上課的一環，每個資訊也都成為對治他們內心的一帖方子**，我想，這是保生大帝讓我出現在此的原因吧！

是給予者，也是學習者

學甲曾經是雜糧作物的集貨地，帶動了一時的繁榮，在繁華起落下，人口逐漸外移，從「上白礁」的陣頭與藝閣面臨人手不足的無奈，就略知一二。宋江陣找不到人手，可能難以成陣；人力扛抬的蜈蚣陣，是祭典的大看點，每回卻都苦無扛工支持，難以出巡遶境，諸如此類的問題陸續發生，我們的傳統文化正隨著時代變遷、社會變動而受到影響。

有幾次我帶著大人導覽，原以為他們能如數家珍地說出自己與學甲、大廟的故事，或者對眼前一景一物感到熟悉，結果得到的卻是連連驚呼，相較之下，我反而更像是在地人，能清楚講述這裡的傳奇故事、鄉野傳說。不過這樣的衝突，倒也刺激了他們參與地方事務的動機，如果連一個外地人都那麼努力，在地人憑什麼不為自己家鄉做點什麼？

學甲離海岸不遠，除了靠養殖漁業維生，農業也是一大組成，只是鹽分頗重的土壤限制了發展，即使如此，這裡曾經繁榮過，就代表這塊土地有它的存在價值，農村擁有的價值不止於產業。**雖是迫於工商發展的需求，得往都市謀職，可我們的根不能捨棄**。除了有「上白礁」吸引信徒，蜀葵花季、小麥節、西瓜節、虱目魚節等，也各自吸引不同的觀光客前來，那就是可以努力的目標，保生大帝可是三百多年來不曾改變地庇佑著這塊土地。

我在不同的季節、以不同的原因回到學甲，都有著不同的任務。第一次來到學甲，就是參與上白礁，跟著隊伍擔著馬草水，整個路程很累卻是最直接的融入，完整體驗過整場祭典，得以在導覽時活用。後來在農村的打工換宿，是我成為在地人的過程，建立對整個地方的認識，也輔助大家對地方有所認識。

之後每逢需要，我都會安排時間前來，繼續協助大廟導覽，把大廟變教室，讓更多人認識在地文化；有時候協助活動，提取過去農人的經驗，輔助與農有關的事情；碰上祭典，也能夠透過攝影記錄每個精采瞬間。**對他們來說，我正在幫助這個地方；對我來說，我則因為這個地方不停進步。每個當下，我都在給予他人些什麼，但同時我也是那個學習者，學習這裡給予的一切**。

我是一個外地人，以一個流浪的廟公角色，闖進這個地方，因為誤打誤撞來到農村，經常被認作在地人，但也是這樣的誤打誤撞，讓彼此教學相長，感謝這塊土地帶來的一切，讓我依然能發揮修行人、發揮廟公的職責，為大家傳道、授業、解惑。感謝保生大帝不嫌棄，讓我在祂的廟內自由發揮；也感謝祂的庇佑，透過不同機會讓我接觸地方創生、文化圈，奠基未來在相關領域的發展，開啟不同的道路，讓我闖入這裡後，還能把這塊土地上的一切再帶出去。

廟公解惑籤

◆ 第二十一首 ◆

每個當下，我們都在給予他人些什麼，
但同時我們也是學習者，
學習他人給予的一切。

小吉

宜學習

22 遺書：生命的獨白

經歷了幾次關於生病、死亡、預知壽命的案件，其實我的內心並沒有很好受，要承擔一個生命的重量，太沉重了！要怎麼告訴當事人或其親屬事實，如何安撫對方情緒，如何引導對方進行接下來的事情，都需要良好的心理素質，去應對那迎面而來、排山倒海般的各種壓力。

對於他人是這樣，那回到自己身上又怎麼處理，自己能夠接受嗎？我真的好好體會了生、老、病、死了嗎？是否真能「心無罣礙，無罣礙故，無有恐怖」，坦然迎接它，還是會驚慌地手足無措，任由情緒上頭，最後什麼都一場空？

十九歲那年，我曾在游泳課溺水，當時腦袋一片空白，只知道眼前一片光亮，身體掙扎著不想沉在水裡，也不想吃到任何一口水，當那片光消失後，我也已經回到池邊，幸運的是完全沒有嗆水。受驚嚇的我，去了廟裡拜拜，希望自己不會因此害怕下水，這時候腦袋收到強烈訊號，問起神明：「是否還有一次死亡關頭？」聖筊落地後，我開始了小心翼翼的狀態。只是「命中有時終須有」，幾個月後還是在陽金公路上出了嚴重車禍，如果沒有媽祖救下，想必我已經不在這裡，那是我第一次對於壽命的終點有所警覺。

一個月的生命期限

二〇二一年，發生了兩次關於壽命的案件，迎接死亡的過程，並沒有太多的恐懼，只有在生命逝去後湧上悲傷以及過往的所有記憶，只要還記得離去的祂們，祂們就活在心中。圓滿了兩位好友的案件後，輪到我被示意了自己的壽命，心想原來也會有知悉命數的時候，這是自從十九歲的車禍之後，第二次收到這樣的訊息。這次一樣是「一個月」，假如這個訊息真會應驗，那麼剩下的時間裡我應該如何面對，是放下工作，去享樂剩下的日子，還是守好自己的本分到最後一刻？

那時候，疫情剛走過最艱辛的一段，從完全地警戒到好不容易寬鬆一些，工作正準備開始忙碌，甚至我是三個月後的活動總籌，想到自己身上背負著許多責任，我驅散了曾經的天真想法：自己如果知道死亡日期，會奮不顧身地去玩樂與一一告別每個人的念頭。

我開始整理所有資料，去對應到我所擁有的角色們，無論是家庭成員、工作崗位，還是其他社會角色，希望自己說再見的那天，不會影響到各個齒輪的運作，甚至跟我的同事慎重地說，我的工作很吃重，倘若真有個什麼意外，每件事的細節是什麼，該怎麼處理，剩下的就麻煩了。至於我的家人朋友，我則寫下了遺書，畢竟這種大事，如果提前說了必定引來大家的煩惱，**只需做好所有準備，讓大家不用操心即可**。

時間一天天逼近，打點好工作上的一切，預防所有的可能；整理好自己的所有物、財產，跟筆記好所有生後可能留下的麻煩，我把遺書放進了床墊下，因為往生後，勢必會整理到這張床墊，大家就能在第一時間，發現我想要留下的話。直到最後一個晚上，我把想換上的衣服放在床邊，直接入睡等那最後一刻自然到來。朦朧的夢中，只見當年車禍裡的黑影浮出，說著：「七年之期已到，未來仍會持續，任重而道遠。」我便醒來面對新的一天，而這黑影就是媽祖的化境，這一天剛好是那場車禍滿七年，「一個月」的訊息已經破除，接下來會是充滿變化的未來，我可以好好重新規劃人生了。

練習告別，也避免不告而別

心裡有著一種「扗著」（撿到）的感覺，我似乎可以為我的人生再添上許多事情，雖然我的人生本就按著「願望清單」行事，即便真在那晚離去，也不會有太多遺憾。為了這延續下來的自己，是該為大家做點什麼，這幾年被大家用生命上了那麼多堂課，自己在這次的經驗，也被好好洗禮一番，不如就為大家開一堂課——「來得及說再見」，好好準備自己的身後事，不是讓大家對著遺體道別，而能帶著了卻遺憾的心，含笑跟大家說聲「再會」。

適逢疫情的影響，我開了線上講堂，讓更多人參與，一切從遺書起頭，請大家列出想對自己說的話，先跟自己和解，感謝這輩子我們努力過；再列出想說話的人、事、物，人生這場單程旅行，遇上不少風景與關卡，勢必有很多沿途上車、下車的人、事、物；接著記錄值得自豪的事情，讓你的親友看到這裡，能夠感到寬慰，在一片情緒中得到緩解，並給他們留下一句話，能好好追思你的存在。寫上這些東西，是用這麼一封信，去表達感謝與抱歉，還有你的愛與被愛，最後好好道別，讓一切不會在心跳停止後，只剩下冰冷的溫度。

寫下遺書，是對告別的練習，同時也在回顧自己的生命，所以我都用生日做為遺書更新的日子，因為我們會記得這天，而生死本就經常綁在一起，就像太極裡的陰陽相交。第一次寫完遺書，回顧完整的生命史，檢視自己的人生執行進度，如果我忽逢意外而逝，有哪些清單沒有做到，**透過正視死亡的態度，才能了解生命的意義，與珍惜我們擁有的時光**，透過文字一字一句記錄，消化、整理自己的思緒、情緒，能深化這封遺書帶來的連結，與平復追思者的情感。

我們會為出生做足萬全準備，但對於死亡往往是發生後才學著面對。**遺書就是一種練習，不是練習著告別，是避免不告而別**，還有處理當事人消逝後留下的爭執，遺產、喪葬形式都是常見的議題。鄉野傳說就有一位父親，因為對著孩子說反話，希望自己死後能夠海葬，卻在海葬後夜夜託夢很冷的故事，如果真有能好好溝通的機會，這種故事就不會發生。

課程的最後，我講解了預知壽命的故事，與開這堂課的緣由，並念出我所寫下的遺書：

「最後的這段時間，放下所有的情緒與心情跟自己和解，想讓所有的貪嗔痴消散，也讓大家知道當初那些不好的人事物。

「然後我要說『對不起』。對不起我這麼早就不在了，沒有盡好身為『楊庭俊』的責任，雖然以前就有做過預告，但這一定不夠。我不在的日子，希望你們能好好照顧自己，很抱歉這兩年那麼努力還是沒能多賺點錢，讓你們變得輕鬆，但希望你們不要掛心，請務必要照顧好自己。

「也很抱歉，你們總是不知道我在做什麼。楊庭俊有太多身分、責任、使命，跟承擔太多過往今來的重量，但我很樂於承擔這些重量，只是時間就都分給大家了。公布死訊好像有點奇怪，但我希望人生最後的結局——『死亡』這件事，也能做為活生生的教材，告訴大家：**死亡並不可怕，這天是必定到來的，重點要好好規劃自己的人生、檢視自己的生命，為自己好好走過一遭輪迴**，這是我用自己的生命，能為大家帶來的最後一堂課！

「一直以來，我也努力讓自己做好準備，包括願望清單的度日守則、把握每個合照、相聚的機會，照顧每個眼下的過客，不過有個遺憾，就是沒能幫助到更多人……僅此這樣。最後的日子，我選擇了做好日常的身分跟責任，而非放下一切去告別世界。原先的我也以為我會義無反顧地一一告別，但發現責任更重要，尤其現在的工作需要我，只是沒能跟親愛的人們見上這最後一面，說上最後一句話，我真的很抱歉。但，我相信大家一定也能為自己的生命好好燦爛著，只要大家心念想著，相信媽祖都會牽引，而我就先走一步，去幫媽祖做事啦！

「二十幾年來的時間，我喜歡大家一起進香、辦事、團聚、出遊，各種歡喜的時候。**在我的心裡，家人的界線很廣，因為雲遊四海、普度眾生，多了很多的家人**。只要是團聚，就是我開心的時刻，雖然曾經深陷陰霾，看過心理諮商，但真正療癒我的，是一直以來的大家。在最後要謝謝你們，我親緣上的家人，還有因著神明緣而出現的家人們。這一路來的學習、修行、質疑、驗證、闖關、體悟，種種著實辛苦，卻也讓自己不斷成長，而這都是一直以來有大家陪伴跟支持才能做到的。

「最後，跟大家說聲『我走了，繼續我未完的雲遊四海』。」

或許是受到前面壽命的故事影響，念到一半時，看到視窗冒出有人不敢再聽下去的訊息，他們的眼淚占據眼眶，若是再繼續聽，怕會像止不住的水龍頭那般，宣洩而出。略過財產、事物交代的部分，用五分鐘的時間，念出這八百多個字，這是我走過生命旅程後的獨白，說著對追思者的情感，內心充滿感謝與抱歉，以及那些愛與被愛，說聲再見後，不要為我擔心，不然換天上的我要為你們擔心了。

死亡可怕嗎？可怕的是我們沒有準備。你檢視自己的人生願望清單了嗎？是否有把握相處的時光，珍惜每個當下？為自己準備沒有遺憾的狀態吧！當它來臨，自然「心無罣礙，無罣礙故，無有恐怖」！

廟公解惑籤

◆ 第二十二首 ◆

透過正視死亡的態度，
才能了解生命的意義，
與珍惜我們擁有的時光。

中吉

宜珍惜

23 — 文化工作：宗教不是迷信，而是文化

從大一算起，收驚的服務也持續了十多年，處理過五花八門的案件，多數都是碰上意外、感到不對勁、身心不安穩等，只是對方若陳述自己身體不適，我必定先詢問是否看過醫生，因為不希望大家是因為對就醫有恐懼，想單靠信仰的力量解決而耽誤診治。

若是加上擲筊、求籤、通靈、降駕問事這些事項，大家上門「掛號」的內容更加紛雜了，我也開始感受大家在遇到磨難、關卡時的脆弱，在內心徬徨無助的時候，容易心頭不定地看見東西就抓，宗教的力量往往在這時候發揮作用。**可一旦反覆發生，就容易養成依賴，乃至成為迷信的開端**，每有困惑萌生，就希望尋求神明指示、給予答案，而非依靠自身努力、周邊資源，試著努力突破現況，如果事情突生變數，不明就裡地開始怨天尤人、指責不靈驗，那麼一切都是枉然。

天道酬勤：「天行健，君子以自強不息。」人們雖知天命，可這天道運行依舊

一分耕耘，一分收獲，太過依賴祂們，往往會讓自己怠惰。

大家最常依賴的內容往往是金錢、感情、健康，尤其常見長輩每逢神明臨壇辦事，開口就是問明牌，這貿然的舉動，經常惹得神明不悅，即使再三告誡，他們腦中依然只有發財的白日夢，把神明當成許願池。神明警告：「過度追求，無福消受之人，最終也只會落得有錢沒命花的下場，不如好好行善積德。」

至於感情，有人為了尋愛四處拜月老，也不願面對自身的缺點，或社交障礙。至於健康，有人總不聽從醫生囑咐，只願喝符水，三不五時到廟裡收驚，結果耽誤病情。面對這些亂象，我幾次更換工作，都希望自己能有一些方法，去破除大家對信仰的依賴，甚至迷信的問題，於是開始尋找兼顧信仰與文化的工作，希望打破大家的迷信習慣。

藥籤、收驚：從下而上的普通日常

幸運的我，順利應徵上相關工作，國家文化記憶庫裡的「台灣中醫藥醫療文化記憶保存推廣計畫」。國家文化記憶庫，蒐集了不同世代的生活記憶，保存各個族群從生活積累下來的文化，**傳遞文化不是由上而下且帶著優越感的精品，而是從下而上的普通日常**。而我參與的這項計畫，就鎖定台灣從古至今的中醫藥文化，包含醫書典籍、醫林人物，以及宗教醫療等內容，這裡頭與我最相關的就屬宗教醫療了，那就是我至今的日常生活：收驚、符水、改運等，為信徒祈求身體健康、平安吉祥。

在進行田野調查、資料整理的過程中，我釐清不少宗教醫療過程裡，大眾可能較鮮為人知的資訊。過往醫藥不發達的時代，並非處處都有醫生、大夫、藥師，人們往往憑著自己對藥草的認識、飲食進補的習慣處理，再不行就是到廟內向神明請求幫忙，有的地方有乩童、輦轎、代言人可以直接開下藥單，有的地方則透過設立「藥籤」，讓信徒可以透過求取藥籤，獲得疾病相關的藥方。

學甲大廟的藥籤有著一個故事，據傳有位富豪久病未癒，只得請來慈濟宮的保生大帝指示，保生大帝開出了藥單，請對方去中藥房配藥，但中藥房一看藥方內含砒霜，有所遲疑，得知是保生大帝所開，才不再多問，讓其取回藥方。富豪拿取藥方後，並沒有被砒霜毒死，反倒因此將體內穢物一吐而出，經過調養，身體逐漸康復。富豪感念保生大帝神恩，於是聘請名醫整理藥方，製作成藥籤。

這個故事看似玄幻，卻透露出這藥籤的把關制度，在一些設有藥籤的大廟附近，通常有著幾間中藥房，拿著藥籤去中藥房抓藥時，藥房的老闆可能會詢問病症內容，若是病情與藥方不符，可能是沒有跟神明描述好情況，或是沒有確認好神明的意思，會請抓藥人再回去跟神明重複確認，或是重新求取藥籤。

只是不同時代官方面對藥籤的態度不同，曾經藥籤被視為迷信、社會不良風俗，想要禁止；又因為部分藥籤內容雖不比砒霜，但可能含有毒性，或者含有保育動物之成分等管制項目，為保民眾健康、保育觀念興起等，需將藥籤妥善管理。導致許多曾經提供藥籤的廟宇，現今已找不到藥籤的蹤跡，甚至連一點記錄都難以找到，有的中藥房還能找到藥籤簿，可以在廟內求取籤號後，到中藥房翻閱籤詩簿與抓藥，成為民眾不一樣的生活記憶。

這些經人神共治，取得咒文、法術等對應之方的模式，又稱「祝由」。「祝由」之法，從先秦時代就已普遍，黃帝內經中也曾記載，現今在台灣最流行、常見的當屬「收驚」了。大家熟知的行天宮，會有師姐替人收驚；藏身小巷裡，偶爾也可以見到收驚招牌；有的家族長輩也能在家族的神明廳，為自己的子孫收驚。

關於收驚的記憶，存在於很多台灣人的腦海：曾經喝過符水；被阿嬤用香在身上比劃；看過衣服包住一碗米；道長手持三清鈴，口念咒語……諸如此類，都是有關收驚的描述，同樣都是收驚，卻有著不同的方法。就民俗說法，收驚當然是祛除妖邪干擾，召回三魂七魄；以科學角度看待，則是透過儀式、咒語等有形操作，催眠自己不安定的身心，以期恢復健康。**光是一個收驚，就有不同形式的存在，這就是民間文化裡的生命力，蓬勃而多元並存，文化沒有貴賤分別，尤其它們背後含有更多探討的價值**。

信仰是文化的根本

國家文化記憶庫的記憶保存計畫結束後，我依然尋找兼顧信仰與文化的工作，於是到了桃園市文化基金會，為「土地公」服務，負責進行土地公田野調查、辦理土地公國際民俗藝術節、協助土地公文化館營運、策展等工作內容。

大家想到土地公，多半想到的是烘爐地、紫南宮、車城福安宮這些求財聖地；或是基於農業相關工作，有著「有土斯有財」、「田頭田尾土地公」這類概念。對於土地公，大家知道的是祂做為神祇，能庇佑人們有所求的部分，但其實土地公在漫長的歷史發展中，扮演著許多角色：在《西遊記》裡，孫悟空每到新地點，需要打聽消息時必定先找土地公，透過土地公親民、如同里長熟知大小事的形象，推進故事發展；田地中的土地公，一般認知多為禮敬天地、守護家園的角色，其實祂們也在開墾過程中，為免瘴癘威脅或漢番衝突，扮演著安定人心的角色。這些內容，不會從課本上面學到，而是只有進行土地公田野調查，從廟宇的沿革、耆老的口中傳說、祭祀的相關器物中，發現各種蛛絲馬跡，**其實我們的信仰一直與生活、歷史密不可分**。

除了進行田野調查，補足土地公的各種身世、廟宇介紹、相關知識給大眾知道，身負經營土地公文化館重任的我們，也得籌畫民俗性質的展覽，藉由展覽的形式，傳遞民俗知識。

而我就負責策劃了陣頭為主的展覽——「神之將特展」，即使礙於經費、檔期、場地大小的限制，無法成為驚為天人的曠世鉅展，不過我將真實陣頭（神將、神童、家將）跟微縮廟會（樂高宮廟、模型廟會、捏麵人陣頭）兩者結合，透過兩者結合對比，讓大人小孩都能輕鬆體會廟會的樂趣，希望能洗刷過往對於宗教、廟會只有八家將、神棍的印象，並展示這些文化的藝術性、娛樂性等，增加大家親近的機會。配合這檔展覽的神將、家將演出，獲得許多民眾關注，大家認真地欣賞演出，就是對這些文化的最好支持，也是我這檔展覽最大的成績。

為表現土地公與民同在的精神，我們還舉辦了數場的廟埕音樂會，在廟前、神前舉辦音樂會，歌單限定關懷土地的歌曲。這個概念源自酬神，無論是廟前表演的陣頭，或是歌仔戲、布袋戲，後來還有露天放映的電影、電子花車等。

我們選定了廟埕音樂會的形式，既是酬神的方式之一，也能透過這種方式支持非主流、商業的歌手，他們的歌曲通常也撫慰著許多人的靈魂，那些追求撫慰的歌迷，則支持著他們喜愛的歌手，也支持著我們的活動。基金會不是宮廟性質，無須辦理法會，透過經文演揚妙法，普度眾生，但我們透過辦理音樂會，演唱屬於在地的歌，照顧著廣大的歌迷，不也是異曲同工之妙嗎？

能在工作上接觸我熟悉的祂們，**用現代的方式，重新詮釋那些宗教民俗的內涵，對我而言充滿快樂，更是一種成就**。待在神職人員的角色太久，許多時候深怕自己就這麼定形，也害怕那些前來求助的人過於依賴，甚至迷信，所以總想著要用更多的智慧去應對，吸收更多的知識，用不同方式呈現給信徒們理解。

參與這些文化工作時，我能利用我的專業知識，迅速應對每個環節；而工作的每個環節，又能回饋到我執行神職人員身分時，需要的新興內容，兩者一來一往下，我知道我正在實踐——如何行使信仰與文化兩件事，且我努力地為它們撕除了「封建」、「迷信」的標籤，**我的信仰就是我文化的根本，是大家的生活日常，我們的文化記憶！**

廟公解惑籤

◆ 第二十三首 ◆

民間文化裡的生命力，
蓬勃而多元並存，
文化沒有貴賤分別，
背後皆含有諸多值得探討的價值。

大吉

宜感受文化

24 — 聲音工作：我用聲音給予祝福

轉換著不同身分，做過不同的工作，擁有多元的經歷跟豐富經驗，能應對每個場合的突發狀況，一副看似十八般武藝通通精通的樣子，實則我還是有我的弱點。別看我擔任廟公的時候，好像對於誦經一事游刃有餘，其實我不敢把我的聲音放送出去，正好在駐廟期間，早晚課都只有周遭的動物會來聆聽我的誦經聲，我才敢安穩地誦念下去。

會有這般想法，是因為我唱誦、唱歌的功夫不好，深怕別人聽到了，會升起厭惡、不悅的心情，或者帶有戲謔的想法，反而會搞砸本應給大眾聽經聞法的機會。但我的嗓子無論怎麼努力，終究還是這個樣子，所以在學會好好控制我唱誦的聲音之前，都先以誠意至上，不影響大眾優先。

不被接受的「聲音」

在花蓮修行的日子，偶爾我會跟著出去助念，那時候的我尚未進過佛學院，對於讚偈的唱法、法器的打法、科儀的進行等，並沒有多少概念，只被吩咐穿著海青，跟在其他師兄師姐旁邊合掌助念即可。

久而久之，師父看我對誦經多少有些概念，是該學習如何唱誦這些讚子、偈子，還有學習法器的使用方式了。自知歌聲不好的我先是拒絕，能在一旁合掌助念，我覺得就是一種心意了，無奈抵不過師父的要求，終究嘗試學習了幾回，想說這或許是讓自己蛻變的機會，怎料最後換來「聲音難聽」的評論，同時終止了我的學習，我就又回到合掌即可的角色，甚至後來連出現也不用出現。

對於自己的狀態多少有著自知之明，想要迴避這種可能會受傷的情況，那就是減少暴露缺點的機會。被說「聲音難聽」之後的很長一段時間，我不再參與誦經之類的活動，甚至連單純唱歌這種熱鬧、開心的活動，我也極力避免，就是不想讓同樣的事情再度發生。

擔任廟務工作後，基於方便融入團體，開始跟著師姐們參與誦經，大家看我一個黃毛小子，肯定對於誦經沒有半點概念，那麼就算我不出聲音，也能在團體中好好生存。等到時間久了，師姐們陸續希望我也能開口唱誦經文，我才表態我的聲音真的不好，加上太低了，絕對跟你們搭不起來，即使我說到這個地步，大家還是極力要我開口。

當我用低沉的嗓子唱誦著經文，當然引起大家的討論，重新分配之後，有時演變成我一個人打兩三樣法器，取代出聲，維持和諧，至少我可以用別的方式補足我的缺點。接二連三地被說聲音「難聽」、「不和諧」，讓我對自己失去了信心，誰不希望能擁有一副好嗓子，用好聽的聲音接引普羅大眾呢？只是請讓我做好準備。

用另一種方式拿起麥克風

不過，**聲音的使用方法不只一種，可以用其他溫暖的方式去感動他人**，只是在這之前，我都被限定只能用「唱」的。等待那麼久，機會終於來了，一個讓我練習使用自己的聲音、接引普羅大眾的舞台來了。

第一次發生在擔任全職廟公後一段時間，適逢地母娘娘的聖誕法會，整個聖誕慶典什麼都齊備，就是缺少了負責串連整個祭祀流程的司儀，司儀需要眼明手快，面臨任何突發狀況都能如如不動、隨機應變，原先以為自己被嫌棄過聲音，不用去承擔這個大任，豈知大家都紛紛閃避，這工作於是輾轉由我承擔。

我一向秉持不惹事，但不怕事的習慣，既然工作來了那就承擔，從小到大的演講比賽、學生時期的活動主持，對於口條的訓練沒有少過，加上平時誦經沒有偷懶，在台語文讀上有著一定練習，所以要我開口為大家恭念祝禱詞並沒有太大障礙，難度在於這是大家第一次獨立辦理慶典，不太熟悉儀式流程、進行節奏、突發應變，這就是考驗司儀功力的時候。

此時，我慶幸自己只要每逢慶典一定認真拜拜，聽著師兄師姐如何維持整場儀式，用聲音指揮大家，在各環節執行自己的工作；運用音調高低、說話節奏，去引導大家的情緒，讓整個儀式結束。**除了眼前所見的有形作為，在適宜的聲音環繞下，更能真切地感到祝福**。有了這些過去所見，加入自己的想法，我也完成了首次的慶典司儀工作。

這次，我的聲音不再被挑剔，評論也從嫌棄的低沉嗓音，轉變為沉穩而給人安定的聲音，尤其大家在少了前輩的帶領，本該手足無措，但有清楚、穩定的司儀節奏，讓大家能夠安穩在軌道上前行，即使出錯也能夠透過各種即時救援，或者現場應變，讓整個儀式圓滿落幕。

我的聲音真的不好嗎？不好的不是我的本質，只是唱誦、唱歌這種事情，不太適合我罷了。成為司儀，是我拿起麥克風的另一種方式，利用這種方式，能以更真切的方式祝福大家，感受到祝福的人們也更願意走進廟裡，一起參與這大大小小的慶典。

記得有次配合瑤池金母聖誕日辦理「契子女皈依」大典，我按著儀軌一步一步幫助大家完成皈依儀式，接著準備請堂主奉請瑤池金母的令旗與印章，要幫大家加持，因為皈依者眾多，需要一一排隊等候，我便利用一來一往之間的時間空檔，為大家注解了這場皈依：

「今天各位在此皈依母娘，祂將成為你們心中的靠山，舉凡有事、無事，還是遇上困難、心情不好，都可以來到廟裡跟母娘傾訴，如果遠在他鄉不便親臨，在心中默默祈禱也是一樣，因為母娘之所以被稱呼為母娘，就是如同各位的母親一般，祂會靜靜在這裡聽你說，接住你的所有，當你遠行，祂會在這裡靜靜守護，即使你遠在他方，祂也能默默保佑著你。皈依後，無須感到壓力，只要用自己最輕鬆、自在，以及真誠的方式來面對母娘，這位自己天上的媽媽，我相信祂一定都知道你的心意……」

在儀式進行過程中，補上溫柔的話語，讓參與者完全沉浸其中，這就是我們能善用的一種方式，為信徒的心找到依託。低沉的聲音，能好好牽引大家的情緒；厚實平穩的聲音，則在為大家恭念祝禱詞，帶來最踏實的祝福。

成為祈禱與祝福的橋梁

後續的慶典法會中，大家習慣了我的聲音，雖然不用像唱歌那般餘音繞梁、響遏行雲，不過基本的抑揚頓挫、鏗鏘有力還是必須的，讓言語更富有力量，讓祝禱詞擁有能祈請神明降臨、祈願祝福成真的力量，特別是我使用台語文言念出祝禱詞時，大家往往無法完全聽懂內容，那麼就要依靠聲音表情和氣勢，去感染大家。在廟宇這般長期訓練下，也奠定後來我在其他活動擔任司儀或主持的基礎，不只是讓一場活動順利圓滿，還能賦予祝福。

後續的日子裡，我接過不同活動的邀請，從一般典禮司儀、活動演出的祭台司儀，還有臺灣月琴民謠祭等活動主持。這些活動中，大家都不嫌棄我那帶著濃濃祭祀味道的風格，反倒是因為這樣的背景，成就獨樹一格的風格，才能為大家帶來耳目一新的火花。

比如主持歲末聯誼，我在節目表演間，穿插帶有祝福意味的四句聯，加上國台語切換自如的雙聲道服務，博得長輩的滿堂彩。臺灣月琴民謠祭中，我全程使用母語主持，以及民謠「祭」的祭典意味，讓自己能夠更貼合這個活動，雖然插科打諢並不在行，但既然是祭典，我就會發揮我「廟公」的本性，讓它充滿熱鬧與祝福，讓整個活動「福氣啦」！

我的聲音沒有不好，只是我沒有找到適合的使用方式。這麼多年來，我沒有放棄唱歌這件事，開始學習月琴後，我用自在的方式、自由的心去快樂彈唱，那就又是一種利用聲音帶來快樂的方式了！至於誦經時的唱誦，若有需要，我一樣可以配合他人來打法器；若非必要，我也能單純誦念，重要的是誦經的出發點是自我修持，還是為他人做功德。**當我們過度追求聲音的美妙，那又是一種執著了**。

現在，我找到自己擅長的方式，透過一字一句恭敬念出祝禱詞，引領大眾一起參拜神明，或是獻禮，或是敬拜，讓儀式圓滿，每個參與者都是這個儀式的主角。

透過聲音為其畫龍點睛，是我能盡的棉薄之力，將無形的祝禱轉化有形的文字，再從我的口中輸出成清楚聲音，讓我來代替信眾獻上虔誠的祈禱，也讓信眾清楚感受，那化成一言一語，來自神明的祝福！

廟公解惑籤

◆ 第二十四首 ◆

你的本質沒有不好，
只是還沒找到適合自己的方式。
就像聲音的使用方法不只一種，
可以用其他溫暖的方式去感動他人。

小吉

宜找自己

25—我：在逆境中打磨自己

出生時，一個人呱呱墜地，走向家庭、社會，最後在死亡時回歸一個人。這個過程中，需要經歷多種的社會角色切換，在這些身分裡，得進行不同的行為，面臨不同的社會期待與責任。期待往往也帶來壓力，所謂的責任則可能是一種束縛，若不同的角色之間有所對立或不相容，還會形成角色衝突，讓自己難以承擔。

我做為修行人、廟公，或是轉換不同工作的時候，其實也產生過不小的衝突，無論是家庭與職業之間，或是不同宗教之間，都在我身上發生，但對我來說，他們理應能夠理性相存，卻因著世俗種種，而有所牴觸。

我選擇成為廟公

最開始的角色衝突就是為了修行這件事，年少不經事的我，總以為自己不會是天選之人，乩身這種重責大任絕對不會掉到我身上，遑論我不覺得自己有什麼體質，唯獨比較膽小，容易受到風吹草動驚嚇。

直到「抓乩」的事件發生，輾轉多回開始修行，幾經波折後，我才知道原先是找上我的父親，但基於照顧家庭的需求，他拒絕了神明的需求，並表示：「我有兩個兒子，待日後長大可以擇一代替。」這件事對於母親來說，她感覺自己不被尊重，畢竟小孩非一個人所有，怎料長大之後，我也真的走上了這條路。

關於修行這件事，我也是先斬後奏，最初只給父親知道，接著漸漸透漏，直到必須正式向祖先請示「是否同意修行和未來擔任乩身」一事，我才跟母親溝通，這是一個我願意承擔的使命，即使大家都說修行很苦，我也選擇走上這條路，但我始終都會記得這個家。母親才表示：「這是你的選擇，我願意尊重，內心的不願意是怕你辛苦，但我願意支持。如果累了，就記得我在這裡守候著。」

這是我們對成全各自選擇的課題，同時也是家庭間溝通的課題。對於父親的選擇，我沒有責怪，或許對他來說，他想兩邊都能成全；慶幸是由我承接了這個課題，雖然被抓乩後，我經歷過一段陣痛期，卻也因而造就了不少因緣，這樣的成長歷程，是我不可或缺的修行過程之一。面對母親，是我為人子較為虧欠的地方，她的擔憂來自母親的愛與天性，所以我沒有在第一時間揭露自己的狀態，**正因為是最親的家人，不想再給彼此增加更多的負擔，只是這門課，永遠都是我們的修行**。

後來，我應徵上了廟務，成為廟公，大家開始對我的工作選擇感到困惑。廟公，不應該是年長者、閒暇者去擔當的工作嗎？廟公的薪水不是很低嗎？諸如此類的詢問如同排山倒海而來，尤其阿嬤抱持最大的意見。她在某次掃墓前，要求我不能提到自己的廟公身分，她覺得這職業不光彩，堂弟堂妹讀的學校這麼優秀，而我卻跑去當一個充滿刻板印象的廟公，這是她的比較心態。

為了遏止大家的想像，面對種種質疑，這次的我有所進步地回答：「**別人在當醫師，可面對束手無策的狀況，大家是來找我收驚，我一樣是救人；別人在當老師，可面對人生關卡，大家還是來找我解籤、卜卦，我一樣傳道、授業、解惑。『廟公』就是一份工作，可以看作是警衛，也能夠當作行政，或者是神明的管家，駐守在廟裡，處理大小事項，我一樣是按照勞基法作息、領取薪資，沒有所謂的高下，更別說許多地方的『廟公』，可是撐起了『德高望重』這四個字。**」

在我用行動做出回應後，阿嬤總算慢慢放下成見。

在不被看好時，持續前進

廟公的身分是如此，轉到乩身的身分同樣也是如此。阿嬤見我在工作之餘，都要撥出時間到廟裡打坐，兩頭奔忙，不禁對我說：「當乩童是要做什麼，又不能吃飽！這個都是老人家在做的事情，沒有前途啦。」我可以理解她是帶著擔心的成分說出這些話，我們總學不會用柔軟的話語表達心意。因為她無論我再怎麼忙碌，實際上也不曾阻止，只會要我穿暖、吃飽而已。

當朋友受魔神仔影響失蹤時，阿嬤也是不假思索請我幫忙找人，這來自她對孫子的信任。進香時，當我行使自己乩身的角色，她憨慢地用著智慧型手機拍著我的照片，還用炫耀般的語氣跟一旁的朋友說：「這是我的孫子。」她是我的阿嬤，講話時而帶著銳利，卻時刻帶著關心。

父親也是刀子嘴豆腐心的角色，記得有次下班回家，電視裡頭播到：「做文化的都是傻子。」父親就接著開口：「剛才就有個傻子回家了。」他們總覺得我在消耗自己的成本，在各地幫助不同的人和單位，又都選擇不賺錢的工作，擔憂我到底是有沒有好好在過日子。父親總要我不要整天做夢，卻也從來不阻攔我，因為他知道怎麼攔也沒用，那是我出自喜愛投入的事情。只是有些矛盾他放在了心裡，一直沒有說出來。

引發矛盾的契機，來自一場進香的意外。在那次進香中，我負責攝影工作，為了捕捉精采的鏡頭，來回穿梭在隊伍前後，進香活動中少不了的就是鞭炮，在來到廟前的不遠處，可見整條路上都有著鞭炮，就在震耳欲聾的聲響中，一顆鞭炮用力地往我炸來，越過眼鏡，直往左眼撲去。當下，我感覺到左眼流出大量分泌物，心想沒有人對我的狀況有反應，那就不是鮮血淋漓的狀態，我便忍著疼痛，把攝影工作進行到一個段落，才去拿取醫藥箱，要來處理眼睛。

只是那股疼痛實在是難以忍受，加上疲勞情緒，我開始過度換氣與哭泣。有人見狀，認為我只是要「起駕」，有人則沒來由地罵著：「為什麼這麼不堅強？」「可以看一下場合嗎！」我也只好想盡辦法調整自己，在努力不影響大家的情況下，把進香圓滿再說。

後來，我就這麼開始了「反覆性眼角膜糜爛」的日子。受傷之後，是漫長的休養，跟反覆糜爛的角膜作戰，每次發作都痛得坐立難安。此時，親友紛紛藉著機會吐露對我的不滿：「為什麼要這麼冒險？到底有沒有為自己打算？修行那麼久，是修行了什麼？雲遊到底要雲遊什麼？你知道你是長男、長孫，要承擔起責任嗎？你知道當初宮廟如何又如何嗎？你究竟還要虛耗自己的人生多少……」

這些分別是不同人的社會期待，裡頭多少帶著刻板印象，而我早就受夠這些話語，**畢竟，這些都是別人的期待與規劃，不是我的**。

煩惱，是成就自我的契機

關於這場意外，我該看的醫生、做的檢查、能嘗試的療法都盡力了，沒人有權力可以指責我的身體；關於我的人生，我為自己負責，該保持的財務健康、身體健康、人際關係、人生願望清單、我的理想與實踐，即使選擇的每一步看似互不關聯，實際上卻又能夠互相取用經驗和資源。

我知道這麼一炸，就炸出了矛盾，代表我在這些角色衝突裡，還有很大的努力空間，即使降低自己生存的成本，考慮親友的接受程度，不停修改自己的規劃與行為，**仍舊得與他們和解，還有與自己和解。但也感謝他們願意開口，吐露這些梗在心中許久，可一直說不出口的矛盾，這其實是圓滿彼此關係的機會**。

我看似累積出了不少成就，或是因為身分而受人尊敬，但我的本質上終究還是一介凡人，沒有想要超凡入聖，面對家庭裡角色、職場工作、社交關係，在不同的社會角色互相作用下，還是得面對許多衝突與煩惱。不過也正是這些煩惱，才讓我能夠一步步成長，一點一滴進步。

就佛教來說「煩惱即菩提，菩提即煩惱」，我們對於世間萬物，無論善惡、是非、好壞等，全部分得一清二楚，但事實真是如此嗎？事情時常是一體兩面，海水波濤洶湧，看似沖刷一切，波浪之下卻又是靜靜包容萬物。**煩惱是成就自我的契機，而我所面對的不看好或不理解，就是成就我的一部分，這是佛法裡的「不二」，讓煩惱長養菩提**。

感謝這一路來種種，感謝大家的「打磨」，才有辦法讓自己變得「圓融」，同時磨去一身皮殼，換得發光的機會；感謝自己的不放棄，雖然「廟公」、「修行」、「雲遊四海，普度眾生」、「文化傻子」這些事總是帶給大家不少刺激，但我著實在往前進。最終的成就，也彌平了過往的衝突。

過往的經歷與修行，都是生活中的大小事，卻也是印在心上的每個功夫，時時刻刻都是修行，要提醒自己安忍一切。**「靜中養成，動中修定」，雖非順風順水，**

也得隨順因緣，畢竟放下不等於放棄，有放下也有提起，可以讓自己內心更強大。

「身似一筆蘸墨，寫盡歲月無常，點透人生大小，墨乾再蘸提筆。」這一身就好比一枝毛筆，人生經歷如同蘸墨，走過點滴，寫下大小故事，累了就休息，然後繼續前行，因為要發光就要琢磨。

廟公解惑籤

◆ 第二十五首 ◆

若想與他人和解，與自己和解，
試著說出一直說不出口的矛盾，
其實是圓滿彼此關係的機會。

大吉

宜和解

後記

修行，是成就彼此前行的路

這本書寫的是我一路走來的點滴，更是寫許多人的愛護、扶持與陪伴。讓種種經歷與感悟得以化為文字，呈現在大家面前。

修行的路，看似一人踽踽獨行，實則上若沒有家人的包容與支持，一定無法安心前行；若沒有朋友的陪伴與理解，我的生命故事不會這麼豐富；若沒有師長、前輩的指點，便無法在修行中找到更清晰的方向。最重要的是，一路以來無數的人們給予有形的幫助，或無形的指引，積累成生命中的養分，讓萬般因緣匯聚後，茁壯成書。

這本書的誕生也非一帆風順。從開始寫作到成書，歷經了兩年的等待與調整，期間的自我成長與心境轉變，也讓這本書有了更多期待。等待的時間有過瓶頸，也因為外在環境的變化而停滯，但在這段時間裡，我學習如何接受變化，如何在等待中繼續精進。這不僅是一本書的歷程，更是我的人生縮影。

感謝我的家人，從小至今，你們應該還是不完全理解我的傻勁是為了什麼，卻從未阻止我追尋自己的道路，在需要時給予陪伴，在疲憊時成為歸屬。來自家的穩定支持就像港口，當前方的航路不見時，我知道至少背後有一條回家的路。

感謝生命中與我交會的每個人。你們的存在讓我的修行不是悶頭苦修，而是共同成長、共同成就。除了鼓勵、提醒，還有挑戰與質疑，每每讓我震盪的思考與對話，都是在促使我更深刻體會信仰、文化與人生。

能成書，一定要鄭重感謝一路上的神明們。讓我從最初懵懂的少年，到如今能夠陪伴他人走過困頓，這一切都不是單靠我自己的力量，而是祂們一次次的點化與帶領，讓我得以走到今日。**修行的過程不只是「求」，更是在一次次的實踐中學習「給予」，感謝神明們在這條路上的每一次指引，讓我不只是修行自己，更能在這條路上回應他人**。

最後，感謝每一位翻開這本書的你。無論你是因為信仰、文化，或是單純的好奇心而閱讀到這裡，願這本書能帶給你一些收穫。人生的修行方式有千萬種，我的故事只是其一，但願這些經歷能在某個時刻，成為你生命中的一點光，陪伴你走過自己的修行旅程。
接下來，讓我們繼續成就彼此前行的路。

HEART
心|視野 心視野系列 147

少年廟公的步步修行

從信仰到文化，指引迷航人生的療癒力

作者	楊庭俊（廟公）
封面設計	張巖
內文排版	許貴華
主輯	陳如翎
出版二部總編輯	林俊安

出版者	采實文化事業股份有限公司
業務發行	張世明．林踏欣．林坤蓉．王貞玉
國際版權	劉靜茹
印務採購	曾玉霞
會計行政	李韶婉．許俽瑀．張婕莛
法律顧問	第一國際法律事務所　余淑杏律師
電子信箱	acme@acmebook.com.tw
采實官網	www.acmebook.com.tw
采實臉書	www.facebook.com/acmebook01

ISBN	978-626-349-924-9
	978-626-349-949-2（限量作者親簽版）
定價	380 元
初版一刷	2025 年 3 月
劃撥帳號	50148859
劃撥戶名	采實文化事業股份有限公司
	104 台北市中山區南京東路二段 95 號 9 樓
	電話：（02）2511-9798
	傳真：（02）2571-3298

國家圖書館出版品預行編目資料

少年廟公的步步修行：從信仰到文化,指引迷航人生的療癒力/楊庭俊（廟公）著. -- 初版. -- 台北市：采實文化事業股份有限公司, 2025.03
240面；14.8×21公分. --（心視野系列；147）
ISBN 978-626-349-924-9（平裝）
978-626-349-949-2（限量作者親簽版）
1.CST: 通靈術 2.CST: 民間信仰 3.CST: 宗教文化

296　　114001091

采實出版集團
ACME PUBLISHING GROUP